ROTEIRO
DA POESIA BRASILEIRA

ROMANTISMO

Direção
Edla van Steen

ROTEIRO
DA POESIA BRASILEIRA

ROMANTISMO

Seleção e Prefácio
Antonio Carlos Secchin

São Paulo
2007

global
EDITORA

1ª Edição, Global Editora, 2007

Diretor Editorial
Jefferson L. Alves

Gerente de Produção
Flávio Samuel

Coordenadora Editorial
Rita de Cássia Sam

Revisão
João Reynaldo de Paiva
Luicy Caetano
Regina Elisabete Barbosa

Projeto de Capa
Ricardo van Steen – Tempo design

Editoração Eletrônica
Antonio Silvio Lopes

Dados Internacionais de Catalogação na Publicação (CIP)
(Câmara Brasileira do Livro, SP, Brasil)

Romantismo / seleção e prefácio Antonio Carlos Secchin. – São Paulo : Global, 2007. – (Coleção roteiro da poesia brasileira).

ISBN 978-85-260-1145-8

1. Poesia brasileira – 2. Poetas brasileiros – Biografia 3. Romantismo – Brasil I. Secchin, Antonio Carlos. II. Série.

07-8485 CDD–869.9109

Índices para catálogo sistemático:

1. Poesia romântica : Literatura brasileira : História e crítica 869.9109

Global Editora e Distribuidora Ltda.
Rua Pirapitingüi, 111 – Liberdade
CEP 01508-020 – São Paulo – SP
Tel.: (11) 3277-7999 – Fax: (11) 3277-8141
e-mail: global@globaleditora.com.br
www.globaleditora.com.br

Nº de catálogo: **2816**

ROMANTISMO

Gonçalves de Magalhães – Gonçalves Dias – Bernardo Guimarães – Francisco Otaviano – Laurindo Rabelo – Luís Gama – Trajano Galvão – Álvares de Azevedo – Junqueira Freire – Sousândrade – Bittencourt Sampaio – Juvenal Galeno – Bruno Seabra – Casimiro de Abreu – Pedro Luís – Tobias Barreto – Fagundes Varela – Carlos Ferreira – Castro Alves – Narcisa Amália

Antonio Carlos Secchin nasceu no Rio de Janeiro, em 1952. É doutor em Letras e professor titular de Literatura Brasileira da Universidade Federal do Rio de Janeiro, além de professor visitante de várias universidades estrangeiras – na França, em Portugal, na Itália, na Venezuela, no México e nos Estados Unidos. Ensaísta, poeta e ficcionista, é autor de dez livros. Suas publicações mais recentes são: *João Cabral de Melo Neto: a poesia do menos* (2ª edição, 1999, ganhador do concurso nacional de ensaios do INL/Ministério da Educação e Cultura em 1985 e do Prêmio Sílvio Romero da ABL em 1987), *Todos os ventos* (poesia reunida, 2002, prêmios da Fundação Biblioteca Nacional, da ABL e do PEN Clube), *Escritos sobre poesia & alguma ficção* (2003) e *50 poemas escolhidos pelo autor* (2006). Responsável por várias seletas e obras completas de poetas brasileiros, tanto de nomes consagrados (Castro Alves, Cecília Meireles, Ferreira Gullar) quanto de autores à margem do cânone (Júlio Salusse, Mário Pederneiras). Na Global Editora, organizou as antologias de melhores poemas de João Cabral de Melo Neto e de Fagundes Varela e a de melhores contos de Edla van Steen. Eleito em 2004, é o membro mais jovem da Academia Brasileira de Letras.

ROMANTISMO

Poucos períodos literários costumam ter datas de início e término de vigência tão bem assentadas quanto o nosso Romantismo. Credita-se aos *Suspiros poéticos e saudades*, de Gonçalves de Magalhães, o início do movimento, em 1836, e a Castro Alves seu epílogo, com as *Espumas flutuantes*, de 1870. Como em toda a simplificação didática, o acerto genérico na localização desses marcos abafa questões que não deveriam ser negligenciadas. Em pontos extremos, pode-se dizer que Magalhães muitas vezes ainda não era romântico, e Castro Alves, outras tantas, já havia deixado de sê-lo. Examinemos sumariamente tais extremidades, e o que medeia entre ambas.

O que de início ressalta na primeira geração romântica é o enorme desnível estético entre seus três principais integrantes, Domingos Gonçalves de Magalhães, Manuel de Araújo Porto-Alegre e Gonçalves Dias. Partindo de elementos comuns – certo conservadorismo lingüístico, na forma, e o cultivo de temas "americanos", nativos, para a afirmação de um país que há pouco deixara a condição colonial –, esses poetas (em que pese a evidente superioridade artística de Gonçalves Dias sobre os dois outros) se aproximavam por um fator extraliterário: todos viveram à sombra das benesses imperiais. Dom Pedro II atribuiu-lhes cargos e missões, sendo recompensado com dedicatórias e poemas extremamente laudatórios. Nesses autores, se assim podemos dizer, o império da poesia acabou servindo para consolidar a poesia do Império, que se rejubilava na voz encomiástica de seus cantores. Isso posto, importa diferençar o que se limitou à condição de projeto – os tentames de Magalhães e de Porto-Alegre – do que se alçou à condição efetiva de realização estética – a poesia de Gonçalves Dias.

Magalhães merece relevo, sobretudo, como divulgador das novas propostas, enfeixadas, em especial, no seu "Ensaio sobre a história da literatura do Brasil", publicado em *Niterói, revista brasiliense*, no mesmo ano de 1836 em que viriam a lume os *Suspiros*. Malgrado advogar a premência da renovação, revelou-se, na prática, um escritor que expressava em formas conservadoras uma temática romântica (a religiosidade, o culto à Pátria), num hibridismo prejudicial à fatura dos textos. Fracassou na tentativa de revitalização do sopro épico em *A confederação dos tamoios*, de 1856, como também fracassaria, no mesmo sentido, o poeta (e grande amigo) Porto-Alegre, cujo *Colombo* data de 1866. Os decassílabos em versos brancos – pesados, tediosos e pouco inspirados em ambos, ainda que menos insatisfatórios em Magalhães – receberiam melhor tratamento no outro canto épico do grupo: referimo-nos ao inconcluso *Os timbiras* de Gonçalves Dias, publicado postumamente em 1857, e, como os dois citados, com dedicatória a Pedro II.

Em Gonçalves Dias, finalmente, o Brasil-nação encontrava seu primeiro grande poeta. Deu superior expressão aos principais temas da primeira geração romântica: o louvor da natureza (nela integrada o indígena), o louvor do país (na construção de um projeto de reconhecimento identitário), o louvor de Deus (única força a que se submetem a natureza e o poeta), o louvor das damas, em delicadas ou desesperadas incursões lírico-amorosas. Não por acaso, a peça de abertura de seu livro de estréia, *Primeiros cantos* (1846), transformou-se no mais famoso poema brasileiro: "A canção do exílio", de certo modo, é a "certidão poética" de nosso nascimento literário, tendo sido louvada, ironizada, parafraseada e parodiada incontáveis vezes. Nenhum de nossos poetas românticos – até mesmo porque muitos deles morreram precocemente – se ombreia com Gonçalves Dias no que tange ao domínio técnico dos meios expressivos, à sede de conhecimento, que o levou ao estudo de línguas estrangeiras, a pesquisas lingüísticas e etnográficas, ao aprofundamento de temas históricos brasileiros e europeus (estes últimos, servindo também de estofo para as incursões gonçalvinas no gênero dramático). Conforme assinalamos em outro estudo, enquanto a maioria dos românticos simulava uma continuidade entre vida e obra, Dias conseguiu tecer desdobramentos polifônicos por meio da construção de personagens com marcas de alteridade, cedendo a voz a mulheres e índios, quando não, de modo simultâneo, à indígena mulher, como no (literalmente) antológico "Leito de folhas verdes", ou à personagem desenraizada no atrito de duas culturas, como a mestiça de "Marabá". Igualmente nas composições de natureza amorosa pode-se detectar uma configuração que escapa do viés antinômico (virgindade × prostituição), por meio da afirmação de um desejo despido de culpa.

A vivência atormentada e tormentosa do desejo, por seu turno, constitui-se em um dos fundamentos da geração que sucedeu à de Gonçalves Dias, e que encontra seus expoentes nas figuras de Álvares de Azevedo, Casimiro de Abreu e Fagundes Varela, embora, para que o panorama se torne menos incompleto, não se possa prescindir das contribuições de Bernardo de Guimarães, Laurindo Rabelo, Junqueira Freire e Sousândrade. Conhecida como a geração ultra-romântica, do mal do século, versão aclimatada das lamúrias de Musset, de Byron e de outros cultores do pessimismo, do tédio e do confessionalismo exacerbado em lágrimas, foi criticada pelo aparente abandono dos temas nacionais em prol de um viés cosmopolita da cultura. Mas, paradoxalmente, foi com tais poetas que as formas de expressão aproximaram-se de uma realidade menos tutelada pelos padrões lingüísticos lusitanos, que tanto constrangeram o discurso do grupo precedente. Além disso, devido ao enorme sucesso do lirismo azevediano, também certos protocolos de prestígio, como as epígrafes, deixaram de ser maciçamente franceses, ingleses e portugueses: passamos a dispor do aval de Álvares para epigrafar e legitimar as lágrimas dos seus numerosos epígonos. Curiosamente, alguns poetas ultra-românticos, embebidos na alta dosagem a que o "ultra" promete, cuidaram, eles próprios, de fermentar o antídoto do humor e da desidealização perante matérias até então adstritas à esfera do trágico e do sublime. Os dois registros, o da lágrima e o do riso, não raro convivem no mesmo poeta, e o exemplo mais citado costuma ser o de Álvares, cuja *Lira dos vinte anos*, de publicação póstuma (1853), comporta tanto a "ortodoxia" sentimental de "Lembrança de morrer", na Parte 1, quanto a desconstrução satírica de "O poeta moribundo", na segunda parte.

A estréia de Sousândrade, com as *Harpas selvagens*, de 1857, revela uma clave menos hiperbólica que os gemidos altissonantes em voga, mas seu padrão verbal (não nos esqueçamos de que São Luís era cognominada "A Atenas brasileira") comporta resquícios arcaizantes e se traduz em dureza do verso, fenômeno, aliás, perceptível, em parte das *Inspirações do claustro* (1855), de Junqueira Freire. Também em Casimiro de Abreu, com suas *Primaveras*, de 1859, decresce um pouco o *pathos* do sentimentalismo, diluído em um lirismo oscilante entre uma explícita ingenuidade e uma subterrânea malícia. Já Bernardo Guimarães e Laurindo Rabelo desenvolveram ambos, à maneira de Álvares, discursos paralelos em suas respectivas obras, ou seja: um lado consoante ao padrão ultra-romântico e outro transgressor, em um nível, porém, mais apimentado pela utilização de palavrões e de explícita pornografia, o que levou, inclusive, Bernardo a publicar seu *O elixir do pajé* em folheto clandestino, com autoria identificada apenas pelas iniciais (B. G.), e a excluir o poema (bem como o que lhe acompanha, "A origem do mênstruo") de suas *Novas poesias*, de 1876. Já Laurindo Rabelo, cujas *Trovas* datam de 1853, apenas postumamente teve recolhida sua produção "proibida", em volume de 1881, intitulado *Obras poéticas livres*. Houve resistência da crítica em incorporar ao cânone essa face transgressora de nosso Romantismo; nem falamos das manifestações mais ousadas, de Guimarães e Rabelo, e sim da vertente de Álvares: pelo que apuramos, apenas em 1959 um poema da segunda parte da *Lira* foi incluído em antologia do movimento – leia-se, adiante, o comentário sobre algumas coletâneas românticas.

Não convém esquecer alguns poetas amiúde alijados do cânone, e que revelam uma outra face da natureza, não a selvagem, mas a dos campos e das fazendas, onde, em vez da presença de grandes dramas e conflitos, a vida flui em pacatas conversas ao pé do fogo, vazadas num tom menor, e, talvez, mais próximo da sensibilidade contemporânea. A maioria desses escritores, oriundos das províncias, mal atravessou a fronteira da primeira edição de um só livro de poesia. Trajano Galvão, Bittencourt Sampaio e Bruno Seabra, entre outros, compõem esse grupo.

Também cultora da faceta campesina, mas abraçando o lirismo amoroso tradicional, cultivando a veia religiosa e já transitando da esfera íntima para o âmbito público, para as grandes questões sociais, tal foi a poesia de Fagundes Varela, maior nome do período dito de transição entre o ultra-romantismo e a poesia condoreira que lhe sucedeu. Varela foi nosso autor romântico que mais radicalmente vivenciou, em trágica intensidade, o elo indissolúvel entre vida e obra. Predominou na cena literária da década de 1860, do mesmo modo que, no final do decênio, Castro Alves se transformaria na referência maior de nossa poesia. Suas *Espumas flutuantes*, de 1870, revelaram um artista, aos 23 anos, senhor de seu ofício, de imagística forte e inovadora, cantor de um lirismo desassombrado que não excluía ou camuflava as manifestações físicas do desejo, para além dos véus diáfanos que o encobriam ou o enlanguesciam na geração precedente. Quanto ao regime servil, é certo que Castro Alves não terá sido o primeiro bardo a execrá-lo, mas as manifestações de poetas anteriores foram episódicas, e não, como agora, orgânicas e sistemáticas, a ponto de consubstanciarem-se em um livro quase inteiro dedicado ao tema, o póstumo *Os escravos*, de 1883.

A década de 1870 assiste ao declínio do Romantismo, registrado por Machado de Assis em seu famoso ensaio "A nova geração", de 1879. Os estertores românticos conviveram com os balbucios iniciais de um grupo que, atraído pelo materialismo e pelos ideais cientificistas, geraria seus mais consistentes frutos no Parnasianismo soberano no decênio seguinte. "Odeio as virgens pálidas, cloróticas" bradava, no soneto "Profissão de fé", Carvalho Jr. Saíam de cena as musas etéreas, entravam no palco as musas marmóreas.

Antologias românticas

Na *História da literatura brasileira* (1888), Sílvio Romero elenca mais de 120 poetas do período romântico, alguns deles sem livro publicado. Ao optar pelo critério da exaustividade, estabeleceu um amplo *corpus* no qual historiadores e antologistas foram operando seus próprios recortes, no processo constitutivo do cânone do Romantismo, em consonância ou dissonância ante os juízos de Romero.

O que logo se revela, na recepção de nossos poetas através da história, é seu escalonamento em três grandes faixas de prestígio (ou desprestígio) crítico.

A primeira é integrada por Gonçalves Dias, Álvares de Azevedo, Casimiro de Abreu e Castro Alves; pouco abaixo desses, mas ainda no mesmo grupo, Fagundes Varela.

A faixa seguinte comporta Gonçalves de Magalhães, pelo pioneirismo, além de Junqueira Freire e Laurindo Rabelo, pela qualidade das obras. Também nesse grupo se incluem Bernardo Guimarães, cujo sucesso como ficcionista obnubila seu papel de poeta, e Sousândrade, objeto de apreciações antagônicas, que vão do quase-desprezo de alguns à extrema valoração de outros, que o consideram superior a Castro Alves. Machado de Assis, Luís Delfino e Guimarães Jr., que poderiam integrar esse plantel intermédio, costumam ser destacados principalmente por seus poemas de fatura parnasiana.

O terceiro escalão acolhe nomes que sobrevivem mais em decorrência de peças esparsas, presentes em várias antologias, do que propriamente pela consideração de suas obras como um todo. Nesse grupo, destacam-se Luís Gama, Francisco Otaviano, que não legou livro próprio, mas é autor de dois ou três poemas que vêm resistindo ao tempo, e Tobias Barreto, presente em muitas seletas, mas sobre quem pesa a "maldição" em que acabou se transformando o entusiasmo excessivo que lhe votava Sílvio Romero, ao considerá-lo superior a Castro Alves.

Somente no século XX surgiram as coletâneas com volumes segmentados pelo critério dos estilos literários. Para nossos propósitos, será suficiente comentar as antologias que trazem no título o substantivo "Romantismo" ou o adjetivo "romântica". Registremos, porém, o *Parnaso brasileiro*, de Mello Moraes Filho, em dois volumes, publicado em 1885. Essa antologia é, pela amplitude, correlata ao trabalho historiográfico de Sílvio Romero. Comporta, do pré-Romantismo de Domingos Borges de Barros ao pré-Parnasianismo de Luís Guimarães Jr., nada menos do que 132 poetas, com ou sem livros publicados. Basta dizer que hoje, 121 anos após, todas as sucessivas seletas conseguiram agregar apenas dez outros nomes a esse contingente, embora dele tenham descartado 67 autores (quase a metade do elenco!), que, salvo essa inserção na coletânea de Mello Moraes, já desapareceram por completo.

Em 1937, na esteira das comemorações do centenário de publicação dos *Suspiros poéticos* (ocorrido um ano antes), Manuel Bandeira lançou a *Antologia dos poetas brasileiros da fase romântica*, com 25 poetas e 134 poemas. Tomando por base as três faixas que propusemos (e os nomes que as integram, exceto os do último escalão, em aberto), observamos que Bandeira privilegiou os cinco autores mais consolidados, coletando-lhes 76 textos, ou seja, mais da metade do conjunto. O segundo grupo, de seis poetas (que inclui Machado e exclui Sousândrade), está representado por 30 textos. Para o terceiro escalão, de 14 escritores, 28 poemas.

Outra será a orientação de Edgard Cavalheiro e de Péricles Eugênio da Silva Ramos, organizadores, respectivamente, do *Panorama da poesia brasileira: o Romantismo* (1959) e de *Poesia romântica* (1965). Ambos optaram por incrementar a faixa de nomes esquecidos, do que resultou, editorialmente, uma retração do espaço concedido aos consagrados, ainda mais flagrante na obra de Cavalheiro. Nela, comparecem 50 poetas (exatamente o dobro dos integrantes da coletânea de Bandeira), num total de 85 poemas. O quinteto Dias-Casimiro-Álvares-Varela-Castro Alves está presente em 33 textos, suplantado pelos 41 da faixa três, com um detalhe expressivo: essa última distribui-se por 39 autores, comprovando a atomização, talvez excessiva, da amostragem. A notar, na conta dos méritos de Cavalheiro, a já referida chancela pioneira ao humor de Álvares (com "Namoro a cavalo"), bem como o resgate de Sousândrade, então ainda grafado Sousa-Andrade.

Em Péricles Eugênio, decresce um pouco o total (dos 50 de Cavalheiro para 44), mas mantém-se a tendência da amostragem mais extensa do que intensa: dos 103 poemas escolhidos, 51 correspondem à terceira faixa, envolvendo 34 nomes. A observar: a exclusão de Machado de Assis (que Péricles alocará em seleta parnasiana), e, pela primeira vez, a participação feminina, com Narcisa Amália, a poetisa das *Nebulosas* (1872).

O critério de intensificar a presença dos "menores" foi abandonado por duas importantes coletâneas que sucederam as de Cavalheiro e Péricles: em 1985, a *Antologia de poesia brasileira: Romantismo*, de Valentim Facioli e Antonio Carlos Olivieri; dez anos depois, os *Grandes poemas do Romantismo brasileiro*, a cargo de Alexei Bueno.

O livro de Facioli e Olivieri apresenta-se como uma espécie de síntese do cânone: poucos poemas, pouquíssimos poetas (estes, 11; aqueles, 36) com ênfase absoluta nos cinco nomes mais consagrados, que, com 25 textos, preenchem dois terços do volume. Do terceiro grupo (que, forçosamente, é o mais permeável ao gosto pessoal, uma vez que abarca os nomes menos canônicos), comparece um único, escasso integrante: Tobias Barreto, curiosamente representado por dois poemas – uma enormidade, dadas as restritas circunstâncias.

Assumidamente pessoal é a coletânea de Alexei Bueno, a começar pelo título (*Grandes poemas*), que se refere não a autores, mas a textos. A qualidade estética é o vetor essencial a que o antologista se dispôs obedecer. Catorze poetas e 62 poemas compõem o conjunto, que, de todos, é o que mais se concentra nos cinco grandes autores canônicos, representados por 49 textos. No interior desse seleto grupo, avulta o quinhão concedido a Castro Alves, com 24 poemas, recorde de participação em antologia do gênero, quase equivalendo, em termos absolutos, à soma de todos os outros selecionados em Gonçalves Dias, Álvares de Azevedo, Casimiro de Abreu e Fagundes Varela.

Esta antologia

Acreditamos que, de algum modo, uma antologia deva representar um diálogo entre o cânone estabelecido pela historiografia literária e o olhar pessoal que o organizador logra lançar sobre esse mesmo cânone. Para reiterá-lo na íntegra, bastaria reeditar as antologias pregressas. Se o ignorasse de todo, a antologia estaria prisioneira de um viés subjetivo que presunçosamente elidiria todo o processo histórico que levou à sedimentação de determinados valores estéticos. Optamos, assim, por uma atitude de equilíbrio, tal como percebeu-se na seleta de Bandeira: inclusão em amostragem mais ampla dos nomes consensuais, sem deixar de lado outros, também expressivos (ainda que escassamente conhecidos), ou, ao menos, representativos de sua época.

Tomando por parâmetro os três patamares de consagração dos autores aqui antologiados, metade do total de poemas (70) pertence ao primeiro grupo, de Gonçalves Dias, Casimiro de Abreu, Álvares de Azevedo, Fagundes Varela e Castro Alves. A outra metade foi repartida entre os cinco ocupantes da segunda faixa de receptividade crítica (Gonçalves de Magalhães, Bernardo Guimarães, Laurindo Rabelo, Junqueira Freire e Sousândrade) e dez outros nomes, em posição periférica nas coletâneas. Em qualquer circunstância, no mínimo dois poemas de cada autor foram selecionados, montante que se eleva proporcionalmente à faixa de inserção canônica dos poetas.

A seqüência dos escritores obedece à cronologia de suas datas de nascimento. Para a transcrição dos poemas, valemo-nos de edições tidas por fidedignas, quando não das derradeiras edições publicadas em vida dos autores ou da *princeps*, em obras que não lograram reedição. Machado de Assis, Guimarães Jr. e Luís Delfino não foram contemplados por já constarem de outra antologia desta coleção, relativa ao período parnasiano. Corrigimos erros tipográficos evidentes, atualizamos a ortografia e a pontuação de acordo com as normas vigentes. Por fim, dedicamos este livro à memória de Fausto Cunha, o maior e mais lúcido estudioso de nossa poesia romântica.

Antonio Carlos Secchin

Bibliografia (das antologias citadas)

BANDEIRA, Manuel (org.). *Antologia dos poetas brasileiros da fase romântica.* Rio de Janeiro: Ministério da Educação e Saúde, 1937.

BUENO, Alexei (org.). *Grandes poemas do Romantismo brasileiro.* Rio de Janeiro: Nova Fronteira, 1995.

CAVALHEIRO, Edgard (org.). *Panorama da poesia brasileira: o Romantismo.* Rio de Janeiro: Civilização Brasileira, 1959.

FACIOLI, Valentim; OLIVIERI, Antonio Carlos (orgs.). *Antologia de poesia brasileira: Romantismo.* São Paulo: Ática, 1985.

MORAES FILHO, Mello. *Parnaso brasileiro.* Rio de Janeiro: B.L. Garnier, 1885. 2 vols.

RAMOS, Péricles Eugênio da Silva. *Poesia romântica.* São Paulo: Melhoramentos, 1965.

Gonçalves de Magalhães

Nasceu no Rio de Janeiro, em 13 de agosto de 1811. Formou-se em Medicina, em 1832. Poeta, filósofo, historiador e dramaturgo, a partir de 1847 exerceu a diplomacia. Um dos escritores diletos do imperador Pedro II, é considerado o introdutor "oficial" do Romantismo brasileiro, com *Suspiros poéticos e saudades*, de 1836. Além dessa obra, deve-se registrar, no campo da poesia, *A confederação dos tamoios*, de 1856, poema épico que despertou reação hostil de José de Alencar, daí advindo famosa polêmica. Faleceu em Roma, Itália, em 10 de julho de 1882.

INVOCAÇÃO À SAUDADE

Tu, que n'alma te embebes magoada,
Melancólica dor, e gota a gota
Vertes no coração tóxico acerbo,
Que entorpece a existência, e a vida rala!
Tu, tirana da ausência, que retratas
Em fugitiva sombra, em negro quadro
          A imagem do passado;
Que ao filho sempre a mãe anosa antolhas,
A pátria ao peregrino, o amigo ao amigo,
O esposo à esposa; e ao malfadado escravo,
Que sem futuro pelo mundo vaga,
Mostras a liberdade, e o lar paterno;
E a cada simulacro que apresentas,
Com farpado aguilhão rasgas o peito
          Do triste que te sofre;
E nos olhos sanguíneos, encovados,
          Não lágrimas destilas,
Mas fel, só atro fel, bárbara, espremes.

Ó saudade! Ó martírio de alma nobre!
Malgrado o teu pungir, como és suave!
Como a rosa de espinhos guarnecida
Aguilhoa, e apraz co'o doce aroma,
Tu feres, e mitigas com lembranças.
Mas ah! o teu espinho ainda é mais duro;
E essas tuas lembranças são falaces,
Flores são que o pinhal de Harmódio cobrem.

Para agora oprimir-me tudo se ergue,
Tudo agora de encantos se reveste,
Para mais agravar minha saudade.
Sítios qu'eu desdenhei, sítios que amava,

Templos que orar me viram respeitoso,
Estes céus de safira, estas montanhas
Cobertas de cocares de palmeiras,
Pais, amigos, irmãos, ah! tudo, tudo
Me está representando a fantasia,
Como que pouco a pouco quer matar-me.

Que cena há-hi que mais encantos tenha,
Que ver lângüida virgem, pudibunda,
Pálida a fonte, as faces desbotadas,
Baixos os olhos, revoando a coma,
E uma terna expressão de oculta angústia
            Que lavra-lhe as entranhas?

Que cena há-hi que mais encantos tenha,
Que vê-la num baixel, segura ao mastro,
Suspiros exalar, longos suspiros,
Que voam murmurando, e se misturam
Co'os ventos que sibilam nas enxárcias?
De vez em quando olhar, e só ver nuvens,
Nuvens que o céu encobrem, retratando
Fugitivas imagens, que recordam
Terras da pátria; quem, meu Deus, quem pode
            Resistir a tal cena?

Tu matas, ó saudade!... Às crespas ondas,
Delirante Moema, e quase insana,
Por ti ferida se arremessa... e morre...
            Que não pode a mesquinha
Longe viver do fugitivo amante,
Que tanto amor pagara com desprezos.
Lindóia, entregue à dor, desesperada
N'ausência de Cacambo, mal lhe soa
Do caro esposo o último suspiro,

Também suspira, odeia a vida... e morre...
E tu, Clara infeliz, filha dos bosques,
Gerada entre palmeiras,
Nada pode aprazer-te, nada pode
Extinguir-te a lembrança
Da rústica cabana, onde embalada
Em berço foste de tecidas varas.
De diurnas, domésticas fadigas
Descansada, lá quando alveja a lua
Em fundo azul, mil vezes te enxergaram
Num tronco de coqueiro reclinada,
Cantar da infância tuas árias saudosas,
Árias bebidas nos maternos lábios:
Ai... minha mãe, dizias.

Ai... minha mãe... quem sabe se ainda vives...
Aldeia onde nasci, pobre cabana,
Rede que me embalavas, eu vos choro!

Ó terra do Brasil, terra querida,
Quantas vezes do mísero Africano
Te regaram as lágrimas saudosas?
Quantas vezes teus bosques repetiram
Magoados acentos
Do cântico do escravo,
Ao som dos duros golpes do machado!

Ó bárbara ambição, que sem piedade,
Cega e surda de Cristo a lei postergas,
E assoberbando mares, e perigos,
Vais infame roubar, não vãs riquezas,
Mas homens, que escravizas!

Mil vezes o Senhor, para punir-te,
Opôs ao teu baixel ondas, e ventos;
          Mil vezes, mas embalde,
Nas cavernas do mar caiu gemendo.
À voz do Eterno obediente a terra
          Se mostra austera e parca,
Que a lágrima do escravo esteriliza
          O terreno que orvalha.
A Natureza preza a Liberdade,
E só franqueia aos livres seus tesouros.

Ó suspirada, ó cara Liberdade,
Descende asinha do Africano à choça,
Seu pranto enxuga, quebra-lhe as cadeias,
E adoça-lhe da pátria a dor saudosa.

Ó palavras! ó lingua! quão sois fracas,
Para d'alma narrar os sentimentos!
Ó saudade, aflição dura e suave!
Ó saudade, que o rosto me descoras,
Saudade, que me apertas, que nos lábios
          Secas-me o almo riso,
E o pensamento meu absorves todo,
Como uma esponja o líquido, e o repartes
Co'o passado, o presente, e co'o futuro.
          Ó saudade! Ó saudade!
Minhas endechas mal carpidas colhe;
Dá-me um lúgubre som, como o das vagas
          Que nas praias se quebram
Sem ordem, como os meus chorados cantos;
Uma voz sepulcral, como a da rola
Que em solitária selva se lamenta;
Um acento funéreo, um eco lúgubre,
Como o eco das grotas, quando a chuva
          Goteja reboando.

Ah! corram minhas lágrimas, ah! corram
A quantos meus gemidos escutarem.

Ó saudade! Ó saudade!
Pois que em minha alma habitas,
E sem cessar me lembras pais, e Pátria,
Minhas tristes endechas serão tuas,
Saudade, serei teu... Saudade, és minha.

Suspiros poéticos e saudades (1836)

ADEUS À EUROPA

Adeus, ó terras da Europa!
Adeus, França, adeus, Paris!
Volto a ver terras da Pátria,
Vou morrer no meu país.

Qual ave errante, sem ninho,
Oculto peregrinando,
Visitei vossas cidades,
Sempre na Pátria pensando.

De saudades consumido,
Dos velhos pais tão distante,
Gotas de fel azedavam
O meu mais suave instante.

As cordas de minha lira
Longo tempo suspiraram;
Mas alfim frouxas, cansadas
De suspirar, se quebraram.

Ó lira do meu exílio,
Da Europa as plagas deixemos;
Eu te darei novas cordas,
Novos hinos cantaremos.

Adeus, ó terras da Europa!
Adeus, França, adeus, Paris!
Volto a ver terras da Pátria,
Vou morrer no mcu país.

Paris, agosto de 1836

Ibidem

Gonçalves Dias

Nasceu em Caxias, Maranhão, em 10 de agosto de 1823. Mais qualificado poeta de nossa primeira geração romântica, foi também dramaturgo, historiador e lexicógrafo. Foi professor do Colégio Pedro II e oficial da Secretaria dos Negócios Estrangeiros. Sua peça *Leonor de Mendonça* (1846) é considerada a obra-prima do drama romântico brasileiro. Principais livros: *Primeiros cantos* (1846), *Segundos cantos* (1847), *Últimos cantos* (1851) e *Cantos* (1857). Morreu em um naufrágio na costa maranhense, em 3 de novembro de 1864.

CANÇÃO DO EXÍLIO

Kennst du das Land, wo die Citronen blühen,
Im dunkeln Laub die Gold-Orangen glühen?
Kennst du es wohl? – Dahin, dahin!
Möcht' ich... ziehn.

Goethe

Minha terra tem palmeiras,
Onde canta o Sabiá;
As aves, que aqui gorjeiam,
Não gorjeiam como lá.

Nosso céu tem mais estrelas,
Nossas várzeas têm mais flores,
Nossos bosques têm mais vida,
Nossa vida mais amores.

Em cismar, sozinho, à noite,
Mais prazer encontro eu lá;
Minha terra tem palmeiras,
Onde canta o Sabiá.

Minha terra tem primores,
Que tais não encontro eu cá;
Em cismar – sozinho, à noite –
Mais prazer encontro eu lá;
Minha terra tem palmeiras,
Onde canta o Sabiá.

Não permita Deus que eu morra,
Sem que eu volte para lá;
Sem que desfrute os primores
Que não encontro por cá;
Sem qu'inda aviste as palmeiras,
Onde canta o Sabiá.

Coimbra, julho de 1841

Primeiros cantos (1846)

O MAR

Frappé de ta grandeur farouche
Je tremble ...... est-ce bien toi, vieux lion que je touche,
Océan, terrible océan!

Turquety

Oceano terrível, mar imenso
De vagas procelosas que se enrolam
Floridas rebentando em branca espuma
        Num pólo e noutro pólo,
Enfim... enfim te vejo; enfim meus olhos
Na indômita cerviz trêmulos cravo,
E esse rugido teu sanhudo e forte
        Enfim medroso escuto!

Donde houveste, ó pélago revolto,
Esse rugido teu? Em vão dos ventos
Corre o insano pegão lascando os troncos,
        E do profundo abismo
Chamando à superfície infindas vagas,
Que avaro encerras no teu seio undoso;
Ao insano rugir dos ventos bravos
        Sobressai teu rugido.
Em vão troveja horríssona tormenta;
Essa voz do trovão, que os céus abala,
Não cobre a tua voz. – Ah! donde a houveste,
        Majestoso oceano?

Ó mar, o teu rugido é um eco incerto
Da criadora voz, de que surgiste:
Seja, disse; e tu foste, e contra as rochas
        As vagas compeliste.

E à noite, quando o céu é puro e limpo,
Teu chão tinges de azul, – tuas ondas correm
Por sobre estrelas mil; turvam-se os olhos
        Entre dois céus brilhantes.

Mas nesse instante que me está marcado,
Em que hei de esta prisão fugir p'ra sempre,
Irei tão alto, ó mar, que lá não chegue
        Teu sonoro rugido.
Então mais forte do que tu, minha alma,
Desconhecendo o temor, o espaço, o tempo,
Quebrará num relance o círc'lo estreito
        Do finito e dos céus!

Então, entre miríadas de estrelas,
Cantando hinos d'amor nas harpas d'anjos,
Mais forte soará que as tuas vagas,
        Mordendo a fulva areia;
Inda mais doce que o singelo canto
De merencória virgem quando a noite
Ocupa a terra, – e do que a mansa brisa,
        Que entre flores suspira.

Da voz de Jeová um eco incerto
Julgo ser teu rugir; mas só, perene.
Imagem do infinito, retratando
        As feituras de Deus.
Por isto, a sós contigo, a mente livre
Se eleva, aos céus remonta ardente, altiva,
E deste lodo terreal se apura,
        Bem como o bronze ao fogo.
Férvida a Musa, co'os teus sons casada,
Glorifica o Senhor de sobre os astros
Co'a fronte além dos céus, além das nuvens,
        E co'os pés sobre ti.

O que há mais forte do que tu? Se eriças
A coma perigosa, a nau possante,
Extremo de artifício, em breve tempo
        Se afunda e se aniquila.
És poderoso sem rival na terra;
Mas lá te vás quebrar num grão d'areia,
Tão forte contra os homens, tão sem força
        Contra coisa tão fraca!

Ibidem

ROSA NO MAR!

Rosa, rosa de amor purpúrea e bela,
Quem entre os goivos te esfolhou da campa!
Garret

Por uma praia arenosa,
    Vagarosa
Divagava uma Donzela;
Dá largas ao pensamento,
    Brinca o vento
Nos soltos cabelos dela.

Leve ruga no semblante
    Vem num instante,
Que noutro instante se alisa;
Mais veloz que a sua idéia
    Não volteia,
Não gira, não foge a brisa.

No virginal devaneio
    Arfa o seio,
Pranto ao riso se mistura;
Doce rir dos céus encanto,
    Leve pranto,
Que amargo não é nem dura.

Nesse lugar solitário,
    – Seu fadário. –
De ver o mar se recreia;
De o ver, à tarde, dormente,
    Docemente
Suspirar na branca areia.

Agora, qual sempre usava,
    Divagava
Em seu pensar embebida;
Tinha no seio uma rosa
    Melindrosa,
De verde musgo vestida.

Ia a virgem descuidosa,
    Quando a rosa
Do seio no chão lhe cai:
Vem um'onda bonançosa
    Qu'impiedosa
A flor consigo retrai.

A meiga flor sobrenada;
    De agastada,
A virge' a não quer deixar!
Bóia a flor; a virgem bela,
    Vai trás ela,
Rente, rente – à beira-mar.

Vem a onda bonançosa,
    Vem a rosa;
Foge a onda, a flor também.
Se a onda foge, a donzela
    Vai sobre ela!
Mas foge, se a onda vem.

Muitas vezes enganada,
    De enfadada
Não quer deixar de insistir;
Das vagas menos se espanta,
    Nem com tanta
Presteza lhes quer fugir.

Nisto o mar que se encapela
    A virgem bela
Recolhe e leva consigo;
Tão falaz em calmaria,
    Como a fria
Polidez de um falso amigo.

Nas águas alguns instantes,
    Flutuantes
Nadaram brancos vestidos:
Logo o mar todo bonança,
    A praia cansa
Com monótonos latidos.

Um doce nome querido
    Foi ouvido,
Ia a noite em mais de meia:
Toda a praia perlustraram,
    Nem acharam
Mais que a flor na branca areia.

Segundos cantos (1848)

SE SE MORRE DE AMOR!

Meere und Berge und Horizonte zwischen den Liebenden – aber die Seelen versetzen sich aus dem staubigen Kerker und treffen sich im Paradiese der Liebe.

Schiller, *Die Räuber*

Se se morre de amor! – Não, não se morre,
Quando é fascinação que nos surprende
De ruidoso sarau entre os festejos;
Quando luzes, calor, orquestra e flores
Assomos de prazer nos raiam n'alma,
Que embelezada e solta em tal ambiente
No que ouve, e no que vê prazer alcança!

Simpáticas feições, cintura breve,
Graciosa postura, porte airoso,
Uma fita, uma flor entre os cabelos,
Um quê mal definido, acaso podem
Num engano d'amor arrebatar-nos.
Mas isso amor não é; isso é delírio,
Devaneio, ilusão, que se esvaece
Ao som final da orquestra, ao derradeiro
Clarão, que as luzes no morrer despedem:
Se outro nome lhe dão, se amor o chamam,
D'amor igual ninguém sucumbe à perda.
Amor é vida; é ter constantemente
Alma, sentidos, coração – abertos,
Ao grande, ao belo; é ser capaz d'extremos,
D'altas virtudes, té capaz de crimes!
Compr'ender o infinito, a imensidade,

E a natureza e Deus; gostar dos campos,
D'aves, flores, murmúrios solitários;
Buscar tristeza, a soledade, o ermo,
E ter o coração em riso e festa;
E à branda festa, ao riso da nossa alma
Fontes de pranto intercalar sem custo;
Conhecer o prazer e a desventura
No mesmo tempo, e ser no mesmo ponto
O ditoso, o misérrimo dos entes:
Isso é amor, e desse amor se morre!

Amar, e não saber, não ter coragem
Para dizer que amor que em nós sentimos;
Temer qu'olhos profanos nos devassem
O templo, onde a melhor porção da vida
Se concentra; onde avaros recatamos
Essa fonte de amor, esses tesouros
Inesgotáveis, d'ilusões floridas;
Sentir, sem que se veja, a quem se adora,
Compr'ender, sem lhe ouvir, seus pensamentos,
Segui-la, sem poder fitar seus olhos,
Amá-la, sem ousar dizer que amamos,
E, temendo roçar os seus vestidos,
Arder por afogá-la em mil abraços:
Isso é amor, e desse amor se morre!

Se tal paixão porém enfim transborda,
Se tem na terra o galardão devido
Em recíproco afeto; e unidas, uma,
Dois seres, duas vidas se procuram,
Entendem-se, confundem-se e penetram
Juntas – em puro céu d'êxtases puros:
Se logo a mão do fado as torna estranhas,
Se os duplica e separa, quando unidos

A mesma vida circulava em ambos;
Que será do que fica, e do que longe
Serve às borrascas de ludíbrio e escárnio?
Pode o raio num píncaro caindo,
Torná-lo dois, e o mar correr entre ambos;
Pode rachar o tronco levantado
E dois cimos depois verem-se erguidos,
Sinais mostrando da aliança antiga;
Dois corações porém, que juntos batem,
Que juntos vivem, – se os separam, morrem;
Ou se entre o próprio estrago inda vegetam,
Se aparência de vida, em mal, conservam;
Ânsias cruas resumem do proscrito,
Que busca achar no berço a sepultura!

Esse, que sobrevive à própria ruína,
Ao seu viver do coração, – às gratas
Ilusões, quando em leito solitário,
Entre as sombras da noite, em larga insônia,
Devaneando, a futurar venturas
Mostra-se e brinca a apetecida imagem;
Esse, que à dor tamanha não sucumbe,
Inveja a quem na sepultura encontra
Dos males seus o desejado termo!

Cantos (1857)

LEITO DE FOLHAS VERDES

Por que tardas, Jatir, que tanto a custo
À voz do meu amor moves teus passos?
Da noite a viração, movendo as folhas,
Já nos cimos do bosque rumoreja.

Eu sob a copa da mangueira altiva
Nosso leito gentil cobri zeloza
Com mimoso tapiz de folhas brandas,
Onde o frouxo luar brinca entre flores.

Do tamarindo a flor abriu-se há pouco,
Já solta o bogari mais doce aroma!
Como prece de amor, como estas preces,
No silêncio da noite o bosque exala.

Brilha a lua no céu, brilham estrelas,
Correm perfumes no correr da brisa,
A cujo influxo mágico respira-se
Um quebranto de amor, melhor que a vida!

A flor que desabrocha ao romper d'alva
Um só giro do sol, não mais, vegeta:
Eu sou aquela flor que espero ainda
Doce raio do sol que me dê vida.

Sejam vales ou montes, lago ou terra,
Onde quer que tu vás, ou dia ou noite,
Vai seguindo após ti meu pensamento;
Outro amor nunca tive: és meu, sou tua!

Meus olhos outros olhos nunca viram,
Não sentiram meus lábios outros lábios,
Nem outras mãos, Jatir, que não as tuas
A arasóia na cinta me apertaram.

Do tamarindo a flor jaz entreaberta,
Já solta o bogari mais doce aroma;
Também meu coração, como estas flores,
Melhor perfume ao pé da noite exala!

Não me escutas, Jatir! nem tardo acodes
À voz do meu amor, que em vão te chama!
Tupã! lá rompe o sol! do leito inútil
A brisa da manhã sacuda as folhas!

Últimos cantos (1851)

I-JUCA-PIRAMA

I

No meio das tabas de amenos verdores,
Cercadas de troncos – cobertos de flores,
Alteiam-se os tetos d'altiva nação;
São muitos seus filhos, nos ânimos fortes,
Temíveis na guerra, que em densas coortes
Assombram das matas a imensa extensão.

São rudos, severos, sedentos de glória,
Já prélios incitam, já cantam vitória,
Já meigos atendem à voz do cantor:
São todos Timbiras, guerreiros valentes!
Seu nome lá voa na boca das gentes,
Condão de prodígios, de glória e terror!

As tribos vizinhas, sem forças, sem brio,
As armas quebrando, lançando-as ao rio,
O incenso aspiraram dos seus maracás:
Medrosos das guerras que os fortes acendem,
Custosos tributos ignavos lá rendem,
Aos duros guerreiros sujeitos na paz.

No centro da taba se estende um terreiro,
Onde ora se aduna o concílio guerreiro
Da tribo senhora, das tribos servis:
Os velhos sentados praticam d'outrora,
E os moços inquietos, que a festa enamora,
Derramam-se em torno dum índio infeliz.

Quem é? – ninguém sabe: seu nome é ignoto,
Sua tribo não diz: – de um povo remoto
Descende por certo – dum povo gentil;
Assim lá na Grécia ao escravo insulano
Tornavam distinto do vil muçulmano
As linhas corretas do nobre perfil.

Por casos de guerra caiu prisioneiro
Nas mãos dos Timbiras: – no extenso terreiro
Assola-se o teto, que o teve em prisão;
Convidam-se as tribos dos seus arredores,
Cuidosos se incumbem do vaso das cores,
Dos vários aprestos da honrosa função.

Acerva-se a lenha da vasta fogueira,
Entesa-se a corda da embira ligeira,
Adorna-se a maça com penas gentis:
A custo, entre as vagas do povo da aldeia
Caminha o Timbira, que a turba rodeia,
Garboso nas plumas de vário matiz.

Entanto as mulheres com leda trigança,
Afeitas ao rito da bárbara usança,
O índio já querem cativo acabar:
A coma lhe cortam, os membros lhe tingem
Brilhante enduape no corpo lhe cingem,
Sombreia-lhe a fronte gentil canitar.

II

Em fundos vasos d'alvacenta argila
Ferve o cauim;
Enchem-se as copas, o prazer começa,
Reina o festim.

O prisioneiro, cuja morte anseiam,
Sentado está,
O prisioneiro, que outro sol no ocaso
Jamais verá!

A dura corda, que lhe enlaça o colo,
Mostra-lhe o fim
Da vida escura, que será mais breve
Do que o festim!

Contudo os olhos d'ignóbil pranto
Secos estão;
Mudos os lábios não descerram queixas
Do coração.

Mas um martírio, que encobrir não pode,
Em rugas faz
A mentirosa placidez do rosto
Na fronte audaz!

Que tens, guerreiro? Que temor te assalta
No passo horrendo?
Honra das tabas que nascer te viram,
Folga morrendo.

Folga morrendo; porque além dos Andes
Revive o forte,
Que soube ufano contrastar nos medos
Da fria morte.

Rasteira grama, exposta ao sol, à chuva,
Lá murcha e pende:
Somente ao tronco, que devassa os ares,
O raio ofende!

Que foi? Tupã mandou que ele caísse,
Como viveu;
E o caçador que o avistou prostrado
Esmoreceu!

Que temes, ó guerreiro? Além dos Andes
Revive o forte,
Que soube ufano contrastar os medos
Da fria morte.

III

Em larga roda de novéis guerreiros
Ledo caminha o festival Timbira,
A quem do sacrifício cabe as honras.
Na fronte o canitar sacode em ondas,
O enduape na cinta se embalança,
Na destra mão sopesa a iverapeme,
Orgulhoso e pujante. – Ao menor passo
Colar d'alvo marfim, insígnia d'honra,
Que lhe orna o colo e o peito, ruge e freme,
Como que por feitiço não sabido
Encantadas ali as almas grandes
Dos vencidos Tapuias, inda chorem
Serem glória e brasão d'imigos feros.

"Eis-me aqui, diz ao índio prisioneiro;
Pois que fraco, e sem tribo, e sem família,
As nossas matas devassaste ousado,
Morrerás morte vil da mão de um forte."

Vem a terreiro o mísero contrário;
Do colo à cinta a muçurana desce:
"Dize-nos quem és, teus feitos canta,
Ou se mais te apraz, defende-te." Começa
O índio, que ao redor derrama os olhos,
Com triste voz que os ânimos comove.

IV

Meu canto de morte,
Guerreiros, ouvi:
Sou filho das selvas,
Nas selvas cresci;
Guerreiros, descendo
Da tribo tupi.

Da tribo pujante,
Que agora anda errante
Por fado inconstante,
Guerreiros, nasci:
Sou bravo, sou forte,
Sou filho do Norte;
Meu canto de morte,
Guerreiros, ouvi.

Já vi cruas brigas,
De tribos imigas,
E as duras fadigas
Da guerra provei;
Nas ondas mendaces
Senti pelas faces
Os silvos fugaces
Dos ventos que amei.

Andei longes terras,
Lidei cruas guerras,
Vaguei pelas serras
Dos vis Aimorés;
Vi lutas de bravos,
Vi fortes – escravos!
De estranhos ignavos
Calcados aos pés.

E os campos talados,
E os arcos quebrados,
E os piagas coitados
Já sem maracás;
E os meigos cantores,
Servindo a senhores,
Que vinham traidores,
Com mostras de paz.

Aos golpes do imigo
Meu último amigo,
Sem lar, sem abrigo
Caiu junto a mi!
Com plácido rosto,
Sereno e composto,
O acerbo desgosto
Comigo sofri.

Meu pai a meu lado
Já cego e quebrado,
De penas ralado,
Firmava-se em mi:
Nós ambos, mesquinhos
Por ínvios caminhos,
Cobertos d'espinhos
Chegamos aqui!

O velho no entanto
Sofrendo já tanto
De fome e quebranto,
Só qu'ria morrer!
Não mais me contenho,
Nas matas me embrenho,
Das frechas que tenho
Me quero valer.

Então, forasteiro,
Caí prisioneiro
De um troço guerreiro
Com que me encontrei:
O cru dessossego
Do pai fraco e cego,
Enquanto não chego,
Qual seja, – dizei!

Eu era o seu guia
Na noite sombria,
A só alegria
Que Deus lhe deixou:
Em mim se apoiava,
Em mim se firmava,
Em mim descansava,
Que filho lhe sou.

Ao velho coitado
De penas ralado,
Já cego e quebrado,
Que resta? – Morrer.
Enquanto descreve
O giro tão breve
Da vida que teve,
Deixai-me viver!

Não vil, não ignavo,
Mas forte, mas bravo,
Serei vosso escravo:
Aqui virei ter.
Guerreiros, não coro
Do pranto que choro;
Se a vida deploro,
Também sei morrer.

V

Soltai-o! – diz o chefe. Pasma a turba;
Os guerreiros murmuram: mal ouviram,
Nem pôde nunca um chefe dar tal ordem!
Brada segunda vez com voz mais alta,
Afrouxam-se as prisões, a embira cede,
A custo, sim; mas cede: o estranho é salvo.
– Timbira, diz o índio enternecido,
Solto apenas dos nós que o seguravam:
És um guerreiro ilustre, um grande chefe,
Tu que assim do meu mal te comoveste,

Nem sofres que, transposta a natureza,
Com olhos onde a luz já não cintila,
Chore a morte do filho o pai cansado,
Que somente por seu na voz conhece.

– És livre; parte.
                    – E voltarei.
                                        – Debalde.
– Sim, voltarei, morto meu pai.
                                        – Não voltes!
É bem feliz, se existe, em que não veja,
Que filho tem, qual chora: és livre; parte!
– Acaso tu supões que me acorbardo,

Que receio morrer!
                    – És livre; parte!
– Ora não partirei; quero provar-te
Que um filho dos Tupis vive com honra,
E com honra maior, se acaso o vencem,
Da morte o passo glorioso afronta.

– Mentiste, que um Tupi não chora nunca.
E tu choraste!... parte; não queremos
Com carne vil enfraquecer os fortes.

Sobresteve o Tupi: – arfando em ondas
O rebater do coração se ouvia
Precípite. – Do rosto afogueado
Gélidas bagas de suor corriam:
Talvez que o assaltava um pensamento...
Já não... que na enlutada fantasia,
Um pesar, um martírio ao mesmo tempo,
Do velho pai a moribunda imagem
Quase bradar-lhe ouvia: – Ingrato! Ingrato!
Curvado o colo, taciturno e frio,
Espectro d'homem, penetrou no bosque!

VI

– Filho meu, onde estás?
                              – Ao vosso lado;
Aqui vos trago provisões: tomai-as,
As vossas forças restaurai perdidas,
E a caminho, e já!
                    – Tardaste muito!
Não era nado o sol, quando partiste,
E frouxo o seu calor já sinto agora!

– Sim, demorei-me a divagar sem rumo,
Perdi-me nestas matas intrincadas,
Reaviei-me e tornei; mas urge o tempo;
Convém partir, e já!
                    – Que novos males
Nos resta de sofrer? – que novas dores,
Que outro fado pior Tupã nos guarda?
– As setas da aflição já se esgotaram,
Nem para novo golpe espaço intacto
Em nossos corpos resta.
                    – Mas tu tremes!
– Talvez do afã da caça...
                    – Oh filho caro!
Um quê misterioso aqui me fala,
Aqui no coração; piedosa fraude
Será por certo, que não mentes nunca!
Não conheces temor, e agora temes?
Vejo e sei: é Tupã que nos aflige,

E contra o seu querer não valem brios.
Partamos!... –
                    E com mão trêmula, incerta
Procura o filho, tateando as trevas
Da sua noite lúgubre e medonha.
Sentindo o acre odor das frescas tintas,
Uma idéia fatal correu-lhe à mente...
Do filho os membros gélidos apalpa,
E a dolorosa maciez das plumas
Conhece estremecendo: – foge, volta,
Encontra sob as mãos o duro crânio,
Despido então do natural ornato!...
Recua aflito e pávido, cobrindo
Às mãos ambas os olhos fulminados,
Como que teme ainda o triste velho
De ver, não mais cruel, porém mais clara
Daquele exício grande a imagem viva
Ante os olhos do corpo afigurada.

Não era que a verdade conhecesse
Inteira e tão cruel qual tinha sido;
Mas que funesto azar correra o filho,
Ele o via; ele o tinha ali presente;
E era de repetir-se a cada instante.
A dor passada, a previsão futura
E o presente tão negro, ali os tinha;
Ali no coração se concentrava,
Era num ponto só, mas era a morte!

– Tu prisioneiro, tu?
                                        – Vós o dissestes.
– Dos índios?
                    – Sim.
                              – De que nação?
                                                  – Timbiras.

E a muçurana funeral rompeste.
Dos falsos manitôs quebraste a maça...
– Nada fiz... aqui estou.
                                        – Nada! –
                                                  Emudecem;
Curto instante depois prossegue o velho:
– Tu és valente, bem o sei; confessa.
Fizeste-o, certo, ou já não foras vivo!

– Nada fiz; mas souberam da existência
De um pobre velho, que em mim só vivia...
– E depois?...
                    – Eis-me aqui.
                                        – Fica essa taba?
– Na direção do sol, quando transmonta.
– Longe?
               – Não muito.
                                   – Tens razão: partamos.
– E quereis ir?...
                              – Na direção do ocaso.

VII

Por amor de um triste velho,
Que ao termo fatal já chega,
Vós, guerreiros, concedestes
A vida a um prisioneiro.
Ação tão nobre vos honra,
Nem tão alta cortesia
Vi eu jamais praticada
Entre os Tupis, – e mais foram
Senhores em gentileza.

"Eu porém nunca vencido,
Nem nos combates por armas,
Nem por nobreza nos atos;
Aqui venho, e o filho trago.
Vós o dizeis prisioneiro,
Seja assim como dizeis;
Mandai vir a lenha, o fogo,
A maça do sacrifício
E a muçurana ligeira:
Em tudo o rito se cumpra!
E quando eu for só na terra,
Certo acharei entre os vossos,
Que tão gentis se revelam,
Alguém que meus passos guie;
Alguém, que vento o meu peito
Coberto de cicatrizes,
Tomando a vez de meu filho,
De haver-me por pai se ufane!"

Mas o chefe dos Timbiras,
Os sobrolhos encrespando,
Ao velho Tupi guerreiro
Responde com torvo acento:

– Nada farei do que dizes:
É teu filho imbele e fraco!
Aviltaria o triunfo
Da mais guerreira das tribos
Derramar seu ignóbil sangue:
Ele chorou de cobarde;
Nós outros, fortes Timbiras,
Só de heróis fazemos pasto. –

Do velho Tupi guerreiro
A surda voz na garganta
Faz ouvir uns sons confusos,
Como os rugidos de um tigre,
Que pouco a pouco se assanha!

VIII

Tu choraste em presença da morte?
Na presença de estranhos choraste?
Não descende o cobarde do forte;
Pois choraste, meu filho não és!
Possas tu, descendente maldito
De uma tribo de nobres guerreiros,
Implorando cruéis forasteiros,
Seres presa de vis Aimorés.

Possas tu, isolado na terra,
Sem arrimo e sem pátria vagando,
Rejeitado da morte na guerra,
Rejeitado dos homens na paz,
Ser das gentes o espectro execrado;
Não encontres amor nas mulheres,
Teus amigos, se amigos tiveres,
Tenham alma inconstante e falaz!

Não encontres doçura no dia,
Nem as cores da aurora te ameiguem,
E entre as larvas da noite sombria
Nunca possas descanso gozar:
Não encontres um tronco, uma pedra,
Posta ao sol, posta às chuvas e aos ventos,
Padecendo os maiores tormentos,
Onde possas a fronte pousar.

Que a teus passos a relva se torre;
Murchem prados, a flor desfaleça,
E o regato que límpido corre,
Mais te acenda o vesano furor;
Suas águas depressa se tornem,
Ao contacto dos lábios sedentos,
Lago impuro de vermes nojentos,
Donde fujas com asco e terror!

Sempre o céu, como um teto incendido,
Creste e punja teus membros malditos
E o oceano de pó denegrido
Seja a terra ao ignavo tupi!
Miserável, faminto, sedento,
Manitôs lhe não falem nos sonhos,
E do horror os espectros medonhos
Traga sempre o cobarde após si.

Um amigo não tenhas piedoso
Que o teu corpo na terra embalsame,
Pondo em vaso d'argila cuidoso
Arco e frecha e tacape a teus pés!
Sê maldito, e sozinho na terra;
Pois que a tanta vileza chegaste,
Que em presença da morte choraste,
Tu, cobarde, meu filho não és.

IX

Isto dizendo, o miserando velho
A quem Tupã tamanha dor, tal fado
Já nos confins da vida reservara,
Vai com trêmulo pé, com as mãos já frias
Da sua noite escura as densas trevas
Palpando. – Alarma! Alarma! – O velho pára!
O grito que escutou é voz do filho,
Voz de guerra que ouviu já tantas vezes
Noutra quadra melhor. – Alarma! Alarma!

– Esse momento só vale apagar-lhe
Os tão compridos transes, as angústias,
Que o frio coração lhe atormentaram
De guerreiro e de pai: – vale, e de sobra.
Ele que em tanta dor se contivera,
Tomado pelo súbito contraste,
Desfaz-se agora em pranto copioso,
Que o exaurido coração remoça.

A taba se alborota, os golpes descem,
Gritos, imprecações profundas soam,
Emaranhada a multidão braveja,
Revolve-se, enovela-se confusa,
E mais revolta em mor furor se acende.
E os sons dos golpes que incessantes fervem,
Vozes, gemidos, estertor de morte
Vão longe pelas ermas serranias
Da humana tempestade propagando
Quantas vagas de povo enfurecido
Contra um rochedo vivo se quebravam.

Era ele, o Tupi; nem fora justo
Que a fama dos Tupis – o nome, a glória,

Aturado labor de tantos anos,
Derradeiro brasão da raça extinta,
De um jato e por um só se aniquilasse.

– Basta! clama o chefe dos Timbiras,
– Basta, guerreiro ilustre! assaz lutaste,
E para o sacrifício é mister forças.

O guerreiro parou, caiu nos braços
Do velho pai, que o cinge contra o peito,
Com lágrimas de júbilo bradando:
"Este sim, que é meu filho muito amado!
E pois que o acho enfim, qual sempre o tive,
Corram livres as lágrimas que choro,
Estas lágrimas, sim, que não desonram."

X

Um velho Timbira, coberto de glória,
        Guardou a memória
Do moço guerreiro, do velho Tupi!
E à noite, nas tabas se alguém duvidava
        Do que me contava,
Dizia prudente: – "Meninos, eu vi!

Eu vi o brioso no largo terreiro
        Cantar prisioneiro
Seu canto de morte, que nunca esqueci:
Valente, como era, chorou sem ter pejo;
        Parece que o vejo,
Que o tenho nest'hora diante de mi.

Eu disse comigo: Que infâmia d'escravo!
        Pois não, era um bravo;

Valente e brioso, como ele, não vi!
E à fé que vos digo: parece-me encanto
Que quem chorou tanto,
Tivesse a coragem que tinha o Tupi!"

Assim o Timbira, coberto de glória,
Guardava a memória
Do moço guerreiro, do velho Tupi.
E à noite nas tabas, se alguém duvidava
Do que ele contava,
Tornava prudente: "Meninos eu vi!"

Ibidem

MARABÁ

Eu vivo sozinha; ninguém me procura!
Acaso feitura
Não sou de Tupã?
Se algum dentre os homens de mim não se esconde,
– Tu és, me responde
– Tu és Marabá!

– Meus olhos são garços, são cor das safiras,
– Têm luz das estrelas, têm meigo brilhar,
– Imitam as nuvens de um céu anilado,
– As cores imitam das vagas do mar!

Se algum dos guerreiros não foge a meus passos:
"Teus olhos são garços,
Responde anojado; mas és Marabá:
Quero antes uns olhos bem pretos, luzentes,
Uns olhos fulgentes,
Bem pretos, retintos, não cor d'anajá!"

– É alvo meu rosto da alvura dos lírios,
– Da cor das areias batidas do mar;
– As aves mais brancas, as conchas mais puras
– Não têm mais alvura, não têm mais brilhar. –

Se ainda me escuta meus agros delírios:
        "És alva de lírios,
Sorrindo responde; mas és Marabá:
Quero antes um rosto de jambo corado,
        Um rosto crestado
Do sol do deserto, não flor de cajá."

– Meu colo de leve se encurva engraçado,
– Como hástea pendente do cáctus em flor;
– Mimosa, indolente, resvalo no prado,
– Como um soluçado suspiro de amor!

Eu amo a estatura flexível, ligeira,
        Qual duma palmeira,
Então me respondem; "tu és Marabá:
Quero antes o colo da ema orgulhosa,
        Que pisa vaidosa,
Que as flóreas campinas governa, onde está."

– Meus loiros cabelos em ondas se anelam,
– O oiro mais puro não tem seu fulgor;
– As brisas nos bosques de os ver se enamoram.
– De os ver tão formosos como um beija-flor!

Mas eles respondem: "Teus longos cabelos,
        São loiros, são belos,
Mas são anelados; tu és Marabá:
Quero antes cabelos, bem lisos, corridos,
        Cabelos compridos.
Não cor d'oiro fino, nem cor d'anajá."

E as doces palavras que eu tinha cá dentro
A quem as direi?
O ramo d'acácia na fronte de um homem
Jamais cingirei:

Jamais um guerreiro da minha arasóia
Me desprenderá:
Eu vivo sozinha, chorando mesquinha.
Que sou Marabá!

Ibidem

OLHOS VERDES

Eles verdes são:
E tem por usança.
Na cor esperança.
E nas obras não.
Camões, *Rimas*

São uns olhos verdes, verdes,
Uns olhos de verde-mar,
Quando o tempo vai bonança;
Uns olhos cor de esperança.
Uns olhos por que morri;
Que ai de mi!
Nem já sei qual fiquei sendo
Depois que os vi!

Como duas esmeraldas,
Iguais na forma e na cor,
Tem luz mais branda e mais forte,
Diz uma – vida, outra – morte;

Uma – loucura, outra – amor.
    Mas ai de mi!
Nem já sei qual fiquei sendo
    Depois que os vi!

São verdes da cor do prado,
Exprimem qualquer paixão,
Tão facilmente se inflamam,
Tão meigamente derramam
Fogo e luz do coração;
    Mas ai de mi!
Nem já sei qual fiquei sendo
    Depois que os vi!

São uns olhos verdes, verdes.
Que podem também brilhar:
Não são de um verde embaçado,
Mas verdes da cor do prado,
Mas verdes da cor do mar.
    Mas ai de mi!
Nem já sei qual fiquei sendo
    Depois que os vi!

Como se lê num espelho,
Pude ler nos olhos seus!
Os olhos mostram a alma,
Que as ondas postas em calma
Também refletem os céus;
    Mas ai de mi!
Nem já sei qual fiquei sendo
    Depois que os vi!

Dizei vós, ó meus amigos,
Se vos perguntam por mi,
Que eu vivo só da lembrança

De uns olhos cor de esperança.
De uns olhos verdes que vi!
    Que ai de mi!
Nem já sei qual fiquei sendo
    Depois que os vi!

Dizei vós: triste do bardo!
Deixou-se de amor finar!
Viu uns olhos verdes, verdes,
Uns olhos da cor do mar:
Eram verdes sem esp'rança,
Davam amor sem amar!
Dizei-o vós, meus amigos,
    Que ai de mi!
Não pertenço mais à vida
    Depois que os vi!

Ibidem

Bernardo Guimarães

Nasceu em Ouro Preto, Minas Gerais, em 15 de agosto de 1825. Cursou a Faculdade de Direito de São Paulo, onde se tornou amigo de Álvares de Azevedo. Teve vida profissional atribulada, em várias províncias do Império (Goiás, Rio de Janeiro, Minas). Exerceu funções na magistratura, no magistério, foi delegado de polícia. Estreou como poeta em 1852, com os *Cantos da solidão,* mas notabilizou-se sobretudo na área da ficção, em particular com *O seminarista* (1872) e *A escrava Isaura* (1875). Morreu em Ouro Preto, em 10 de março de 1884.

O DEVANEAR DO CÉTICO

Tout corps traîne son ombre et tout esprit son doute.

V. Hugo

Ai da avezinha, que a tormenta um dia
Desgarrara da sombra de seus bosques,
Arrojando-a em desertos desabridos
De brônzeo céu, de férvidas areias;
Adeja, voa, paira... nem um ramo,
Nem uma sombra encontra onde repouse,
E voa, e voa ainda, até que o alento
De todo lhe falece – colhe as asas,
Cai na areia de fogo, arqueja, e morre...
Tal é, minh'alma, o fado teu na terra;
O tufão da descrença desvairou-te
Por desertos sem fim, onde em vão buscas
Um abrigo onde pouses, uma fonte
Onde apagues a sede que te abrasa!

....

Ó mortal, por que assim teus olhos cravas
Na abóbada do céu? – Queres ver nela
Decifrado o mistério inescrutável
Do teu ser, e dos seres que te cercam?
Em vão teu pensamento audaz procura
Arrancar-se das trevas que o circundam,
E no ardido vôo abalançar-se
Às regiões da luz e da verdade;
Baldado afã! – no espaço ei-lo perdido,
Como astro desgarrado de sua órbita,

Errando às tontas na amplidão do vácuo!
Jamais pretendas estender teus vôos
Além do escasso e pálido horizonte
Que mão fatal em torno te há traçado...
Com barreira de ferro o espaço e o tempo
Em acanhado círculo fecharam
Tua pobre razão: – em vão forcejas
Por transpor essa meta inexorável;
Os teus domínios entre a terra e os astros,
Entre o túmulo e o berço estão prescritos:
Além, que enxergas tu? – o vácuo e o nada!...

Oh! feliz quadra aquela, em que eu dormia
Embalado em meu sono descuidoso
No tranqüilo regaço da ignorância;
Em que minh'alma, como fonte límpida
Dos ventos resguardada em quieto abrigo,
Da fé os raios puros refletia!
Mas num dia fatal encosto à boca
A taça da ciência – senti sede
Inextinguível a crestar-me os lábios;
Traguei-a toda inteira –, mas encontro
Por fim travor de fel – era veneno,
Que no fundo continha –, era incerteza!
Oh! desde então o espírito da dúvida,
Como abutre sinistro, de contínuo
Me paira sobre o espírito, e lhe entorna
Das turvas asas a funérea sombra!
De eterna maldição era bem digno
Quem primeiro tocou com mão sacrílega
Da ciência na árvore vedada
E nos legou seus venenosos frutos...

Se o verbo criador pairando um dia
Sobre a face do abismo, a um só aceno
Evocava do nada a natureza,
E do seio do caos surgir fazia
A harmonia, a beleza, a luz, a ordem,
Por que deixou o espírito do homem
Sepulto ainda em tão profundas trevas,
A debater-se neste caos sombrio,
Onde embriões informes tumultuam,
Inda aguardando a voz que à luz os chame?

Quando, espancando as sombras sonolentas,
Surge a aurora no coche radiante,
Inundando de luz o firmamento,
Entre o rumor dos vivos que despertam,
Levanto a minha voz, e ao sol, que surge,
Pergunto: – Onde está Deus? – ante meus olhos
A noite os véus diáfanos desdobra,
Vertendo sobre a terra almo silêncio,
Propício ao cismador – então minha alma
Desprende o vôo nos etéreos páramos,
Além dos sóis, dos mundos, dos cometas,
Varando afouta a profundez do espaço,
Anelando entrever na imensidade
A eterna fonte, donde a luz emana...
Ó pálidos fanais, trêmulos círios,
Que na esfera guiais da noite o carro,
Planetas, que em cadência harmoniosa
No éter cristalino ides boiando,
Dizei-me – onde está Deus? – sabeis se existe
Um ente, cuja mão eterna e sábia
Vos esparziu pela extensão do vácuo,
Ou do seio do caos desbrochastes
Por insondável lei do cego acaso?

Conheceis esse rei, que rege e guia
No espaço infindo vosso errante curso?
Eia, dizei-me, em que regiões ignotas
Se eleva o trono seu inacessível?
Mas em vão interrogo os céus e os astros,
Em vão do espaço a imensidão percorro
Do pensamento as asas fatigando!
Em vão – todo o universo imóvel, mudo,
Sorrir parece de meu vão desejo!
Dúvida – eis a palavra que eu encontro
Escrita em toda a parte – ela na terra,
E no livro dos céus vejo gravada,
É ela que a harmonia das esferas
Entoa sem cessar a meus ouvidos!

Vinde, ó sábios, alâmpadas brilhantes,
Que ardestes sobre as aras da ciência,
Agora desdobrai ante meus olhos
Essas páginas, onde meditando
Em profundo cismar cair deixastes
De vosso gênio as vívidas centelhas:
Dai-me o fio subtil, que me conduza
Pelo vosso intrincado labirinto:
Rasgai-me a venda, que me enubla os olhos,
Guiai meus passos, que embrenhar-me quero
Do raciocínio das regiões sombrias,
E surpreender no seio de atrás nuvens
O escondido segredo...

Oh! louco intento!...
Em mil vigílias palejou-me a fronte,
E amorteceu-se o lume de seus olhos
A sondar esse abismo tenebroso,

Vasto e profundo, em que as mil hipóteses,
Os erros mil, os engenhosos sonhos,
Os confusos sistemas se debatem,
Se confundem, se roçam, se abalroam,
Em um caos sem fim turbilhonando:
Atento a lhe escrutar o seio lôbrego
Em vão cansei-me; nesse afã penoso
Uma negra vertigem pouco e pouco
Me enubla a mente, e a deixa desvairada
No escuro abismo flutuando incerta!

....

Filosofia, dom mesquinho e frágil,
Farol enganador de escasso lume,
Tu só geras um pálido crepúsculo,
Onde giram fantasmas nebulosos,
Dúbias visões, que o espírito desvairam
Num caos de intermináveis conjeturas.
Despedaça essas páginas inúteis,
Triste apanágio da fraqueza humana,
Em vez de luz, amontoando sombras
No santuário augusto da verdade.
Uma palavra só talvez bastara
Pra saciar de luz meu pensamento;
Essa ninguém a sabe sobre a terra!...

Só tu, meu Deus, só tu dissipar podes
A, que os olhos me cerca, escura treva!
Ó tu, que és pai de amor e de piedade,
Que não negas o orvalho à flor do campo,
Nem o tênue sustento ao vil inseto,
Que de infinda bondade almos tesouros
Com profusão derramas pela terra,

Ó meu Deus, por que negas à minha alma
A luz que é seu alento, e seu conforto?
Por que exilaste a tua criatura
Longe do sólio teu, cá neste vale
De eterna escuridão? – Acaso o homem,
Que é pura emanação da essência tua,
E que se diz criado à tua imagem,
De adorar-te em ti mesmo não é digno,
De contemplar, gozar tua presença,
De lua glória no esplendor perene?
Oh! meu Deus, por que cinges o teu trono
Da impenetrável sombra do mistério?
Quando da esfera os eixos abalando
Passa no céu entre abrasadas nuvens
Da tempestade o carro fragoroso,
Senhor, é tua cólera tremenda
Que brada no trovão, e chove em raios?
E o íris, essa faixa cambiante,
Que cinge o manto azul do firmamento,
Como um laço que prende aos céus a terra,
É de tua clemência anúncio meigo?
É tua imensa glória que resplende
No disco flamejante, que derrama
Luz e calor por toda a natureza?
Dize, ó Senhor, por que a mão ocultas,
Que a flux esparge tantas maravilhas?
Dize, ó Senhor, que para mim não mudas
As páginas do livro do universo!...
Mas, ai! que o invoco em vão! ele se esconde
Nos abismos de sua eternidade.

....

Um eco só da profundez do vácuo
Pavoroso retumba, e diz – duvida!...

Virá a morte com as mãos geladas
Quebrar um dia esse terrível selo,
Que a meus olhos esconde tanto arcano?

....

Ó campa! – atra barreira inexorável
Entre a vida e a morte levantada!
Ó campa, que mistérios insondáveis
Em teu escuro seio muda encerras?
És tu acaso o pórtico do Elísio,
Que nos franqueias as regiões sublimes
Onde a luz da verdade eterna brilha?
Ou és do nada a fauce tenebrosa,
Onde a morte pra sempre nos arroja
Em um sono sem fim adormecidos!
Oh! quem pudera levantar afouto
Um canto ao menos desse véu tremendo
Que encobre a eternidade...

Mas debalde
Interrogo o sepulcro – e debruçado
Sobre a voragem tétrica e profunda,
Onde as extintas gerações baqueiam,
Inclino o ouvido, a ver se um eco ao menos
Das margens do infinito me responde!
Mas o silêncio que nas campas reina,
É como o nada – fúnebre e profundo...

....

Se ao menos eu soubesse que co'a vida
Terminaria tantas incertezas,
Embora os olhos meus além da campa,
Em vez de abrir-se para a luz perene,

Fossem na eterna escuridão do nada
Para sempre apagar-se... – mas quem sabe?
Quem sabe se depois desta existência
Renascerei – pra duvidar ainda?!...

Cantos da solidão (1852)

A ORGIA DOS DUENDES

I

Meia-noite soou na floresta
No relógio de sino de pau;
E a velhinha, rainha da festa,
Se assentou sobre o grande jirau.

Lobisome apanhava os gravetos
E a fogueira no chão acendia,
Revirando os compridos espetos,
Para a ceia da grande folia.

Junto dele um vermelho diabo
Que saíra do antro das focas,
Pendurado num pau pelo rabo,
No borralho torrava pipocas.

Taturana, uma bruxa amarela,
Resmungando com ar carrancudo,
Se ocupava em frigir na panela
Um menino com tripas e tudo.

Getirana com todo o sossego
A caldeira da sopa adubava
Com o sangue de um velho morcego,
que ali mesmo co'as unhas sangrava.

Mamangava frigia nas banhas
Que tirou do cachaço de um frade
Adubado com pernas de aranhas,
Fresco lombo de um frei dom abade.

Vento sul sobiou na cumbuca,
Galo-Preto na cinza espojou;
Por três vezes zumbiu a mutuca,
No cupim o macuco piou.

E a rainha co'as mãos ressequidas
O sinal por três vezes foi dando,
A corte das almas perdidas
Desta sorte ao batuque chamando:

"Vinde, ó filhas do oco do pau,
Largartixas do rabo vermelho,
Vinde, vinde tocar marimbau,
Que hoje é festa de grande aparelho.

Raparigas do monte das cobras,
Que fazeis lá no fundo da brenha?
Do sepulcro trazei-me as abobras,
E do inferno os meus feixes de lenha.

Ide já procurar-me a bandurra
Que me deu minha tia Marselha,
E que aos ventos da noite sussura,
Pendurada no arco-da-velha.

Onde estás, que inda aqui não te vejo,
Esqueleto gamenho e gentil?
Eu quisera acordar-te c'um beijo
Lá no teu tenebroso covil.

Galo-preto da torre da morte,
Que te aninhas em leito de brasas,
Vem agora esquecer tua sorte,
Vem-me em torno arrastar tuas asas.

Sapo-inchado, que moras na cova
Onde a mão do defunto enterrei,
Tu não sabes que hoje é lua nova,
Que é o dia das danças da lei?

Tu também, ó gentil *Crocodilo*,
Não deplores o suco das uvas;
Vem beber excelente restilo
Que eu do pranto extraí das viúvas.

Lobisome, que fazes, meu bem
Que não vens ao sagrado batuque?
Como tratas com tanto desdém,
Quem a c'roa te deu de grão-duque?"

II

Mil duendes dos antros saíram
Batucando e batendo matracas,
E mil bruxas uivando surgiram,
Cavalgando em compridas estacas.

Três diabos vestidos de roxo
Se assentaram aos pés da rainha,
E um deles, que tinha o pé coxo,
Começou a tocar campainha.

Campainha, que toca, é caveira
Com badalo de casco de burro,
Que no meio da selva agoureira
Vai fazendo medonho sussurro.

Capetinhas, trepados nos galhos
Com o rabo enrolado no pau,
Uns agitam sonoros chocalhos,
Outros põem-se a tocar marimbau.

Crocodilo roncava no papo
Com ruído de grande fragor:
E na inchada barriga de um sapo
Esqueleto tocava tambor.

Da carcaça de um seco defunto
E das tripas de um velho barão,
De uma bruxa engenhosa o bestunto
Armou logo feroz rabecão.

Assentado nos pés da rainha
Lobisome batia a batuta
Co'a canela de um frade, que tinha
Inda um pouco de carne corruta.

Já ressoam timbales e rufos,
Ferve a dança do cateretê;
Taturana, batendo os adufos,
Sapateia cantando – o le rê!

Getirana, bruxinha tarasca,
Arranhando fanhosa bandurra,
Com tremenda embigada descasca
A barriga do velho *Caturra.*

O *Caturra* era um sapo papudo
Com dous chifres vermelhos na testa,
E era ele, a despeito de tudo,
O rapaz mais patusco da festa.

Já no meio da roda zurrando
Aparece a *mula-sem-cabeça,*
Bate palmas, a súcia berrando
– Viva, viva a Sra. Condessa!...

E dançando em redor da fogueira
Vão girando, girando sem fim;
Cada qual uma estrofe agoureira
Vão cantando alternados assim:

III

Taturana

Dos prazeres de amor as primícias,
De meu pai entre os braços gozei;
E de amor as extremas delícias
Deu-me um filho, que dele gerei.

Mas se minha fraqueza foi tanta,
De um convento fui freira professa;
Onde morte morri de uma santa;
Vejam lá, que tal foi esta peça.

Getirana

Por conselhos de um cônego abade
Dous maridos na cova soquei;
E depois por amores de um frade
Ao suplício o abade arrastei.

Os amantes, a quem despojei,
Conduzi das desgraças ao cúmulo,
E alguns filhos, por artes que sei,
Me caíram do ventre no túmulo.

Galo-Preto

Como frade de um santo convento
Este gordo toutiço criei;
E de lindas donzelas um cento
No altar da luxúria imolei.

Mas na vida beata de ascético
Mui contrito rezei, jejuei,
Té que um dia de ataque apoplético
Nos abismos do inferno estourei.

Esqueleto

Por fazer aos mortais crua guerra
Mil fogueiras no mundo ateei;
Quantos vivos queimei sobre a terra,
Já eu mesmo contá-los não sei.

Das severas virtudes monásticas
Dei no entanto piedosos exemplos;
E por isso cabeças fantásticas
Inda me erguem altares e templos.

Mula-sem-Cabeça

Por um bispo eu morria de amores,
Que afinal meus extremos pagou;
Meu marido, fervendo em furores
De ciúmes, o bispo matou.

Do consórcio enjoei-me dos laços,
E ansiosa quis vê-los quebrados,
Meu marido piquei em pedaços,
E depois o comi aos bocados.

Entre galas, veludo e damasco
Eu vivi, bela e nobre condessa;
E por fim entre as mãos do carrasco
Sobre um cepo perdi a cabeça.

Crocodilo

Eu fui papa; e aos meus inimigos
Para o inferno mandei c'um aceno;
E também por servir aos amigos
té nas hóstias botava veneno.

De princesas cruéis e devassas
Fui na terra constante patrono;
Por gozar de seus mimos e graças
Opiei aos maridos sem sono.

Eu na terra vigário de Cristo,
Que nas mãos tinha a chave do céu,
Eis que um dia de um golpe imprevisto
Nos infernos caí de boléu.

Lobisome

Eu fui rei, e aos vassalos fiéis
Por chalaça mandava enforcar;
E sabia por modos cruéis
As esposas e filhas roubar.

Do meu reino e de minhas cidades
O talento e a virtude enxotei,
De michelas, carrascos e frades
Do meu trono os degraus rodeei.

Com o sangue e suor de meus povos
Diverti-me e criei esta pança,
Para enfim, urros dando e corcovos,
Vir ao dentro servir de pitança.

Rainha

Já no ventre materno fui boa;
Minha mãe, ao nascer, eu matei;
E a meu pai, por herdar-lhe a coroa
Em seu leito co'as mãos esganei.

Um irmão mais idoso que eu,
C'uma pedra amarrada ao pescoço,
Atirado às ocultas morreu
Afogado no fundo de um poço.

Em marido nenhum achei jeito;
Ao primeiro, o qual tinha ciúmes,
Uma noite co'as colchas do leito
Abafei para sempre os queixumes.

Ao segundo, da torre do paço
Despenhei por me ser desleal;
Ao terceiro por fim num abraço
Pelas costas cravei-lhe um punhal.

Entre a turba de meus servidores
Recrutei meus amantes de um dia;
Quem gozava meus régios favores
Nos abismos do mar se sumia.

No banquete infernal da luxúria
Quantos vasos aos lábios chegava,
Satisfeita aos desejos a fúria,
Sem piedade depois os quebrava.

Quem pratica proezas tamanhas
Cá não veio por fraca e mesquinha,
E merece por suas façanhas
Inda mesmo entre vós ser rainha.

IV

Do batuque infernal, que não finda,
Turbilhona o fatal rodopio;
Mais veloz, mais veloz, mais ainda
Ferve a dança como um corrupio.

Mas eis que no mais quente da festa
Um rebenque estalando se ouviu,

Galopando através da floresta
Magro espectro sinistro surgiu.

Hediondo esqueleto aos arrancos
Chocalhava nas abas da sela;
Era a Morte, que vinha de tranco
Amontada numa égua amarela.

O terrível rebenque zunindo
A nojenta canalha enxotava;
E à esquerda e à direita zurzindo
Com voz rouca desta arte bradava:

"Fora, fora! esqueletos poentos,
Lobisomes, e bruxas mirradas!
Para a cova esses ossos nojentos!
Para o inferno essas almas danadas!"

Um estouro rebenta nas selvas,
Que recendem com cheiro de enxofre;
E na terra por baixo das relvas
Toda a súcia sumiu-se de chofre.

V

E aos primeiros albores do dia
Nem ao menos se viam vestígios
Da nefanda, asquerosa folia,
Dessa noite de horrendos prodígios.

E nos ramos saltavam as aves
Gorjeando canoros queixumes,
E brincavam as auras suaves
Entre as flores colhendo perfumes.

E na sombra daquele arvoredo,
Que inda há pouco viu tantos horrores,
Passeando sozinha e sem medo
Linda virgem cismava de amores.

Poesias (1865)

SAUDADE

Anima plus vivit ubi amat,
quam ubi animat.
S. Francisco de Assis

Vem, ó saudade, toma-me em teu carro,
Em teu regaço leva-me dormindo,
Entre fagueiros sonhos embalado
    Por esse espaço infindo.
Leva-me além daquele erguido monte,
Que lá campeia quase que sumido
    Nas brumas do horizonte.

Leva-me além – oh! muito além ainda;
Do eterno plaino largo campo fende;
E entre escalvadas serranias broncas
    O carro teu suspende.
Aí nas abas de sombrio morro
Abate o vôo, e deixa-me nos braços
    Daquela por quem morro.

Rio de Janeiro, 1858

Ibidem

Francisco Otaviano

Nascido em 26 de julho de 1825, no Rio de Janeiro, foi escritor, jornalista, político e diplomata de grande prestígio, embora não tivesse preocupação em publicar livros: suas duas obras, juntas, *Cantos de Selma* (1872) e *Traduções e poesias* (1881), perfizeram a tiragem de 57 exemplares. Cultor do ultra-romantismo, apenas postumamente, em 1925, teve a poesia reunida. Morreu na cidade natal, em 28 de maio de 1889.

MORRER... DORMIR...

Morrer... dormir... não mais! Termina a vida,
E com ela terminam nossas dores;
Um punhado de terra, algumas flores,
E, às vezes, uma lágrima fingida!

Sim! minha morte não será sentida;
Não deixo amigos, e nem tive amores!
Ou, se os tive, mostraram-se traidores,
– Algozes vis de uma alma consumida.

Tudo é podre no mundo! Que me importa
Que ele amanhã se esb'roe e que desabe,
Se a natureza para mim é morta!

É tempo já que o meu exílio acabe...
Vem, pois, ó Morte! ao Nada me transporta!
Morrer... dormir... talvez sonhar... quem sabe?

(1925)

ILUSÕES DA VIDA

Quem passou pela vida em branca nuvem,
E em plácido repouso adormeceu;
Quem não sentiu o frio da desgraça,
Quem passou pela vida e não sofreu;
Foi espectro de homem, não foi homem,
Só passou pela vida, não viveu.

(1925)

Laurindo Rabelo

Nasceu no Rio de Janeiro, em 30 de junho de 1826. Cognominado o "Poeta Lagartixa", destacou-se por cultivar, ao lado de um lirismo confessional, uma veia satírica, quando não obscena, reunida postumamente nas *Obras poéticas livres* (1882); em vida, publicou apenas as *Trovas,* de 1853. De origem humilde, logrou tornar-se médico do Exército e professor da Escola Militar. Morreu no Rio de Janeiro, em 28 de agosto de 1864.

O QUE SÃO MEUS VERSOS

Se é vate quem acesa a fantasia
Tem de divina luz na chama eterna;
Se é vate quem do mundo o movimento
C'o movimento das canções governa;

Se é vate quem tem n'alma sempre abertas
Doces, límpidas fontes de ternura,
Veladas por amor, onde se miram
As faces de querida formosura;

Se é vate quem dos povos, quando fala,
As paixões vivifica, excita o pasmo,
E da glória recebe sobre a arena
As palmas, que lhe of'rece o entusiasmo;

Eu triste, cujo fraco pensamento
Do desgosto gelou fatal quebranto;
Que, de tanto gemer desfalecido,
Nem sequer movo os ecos com meu canto;

Eu triste, que só tenho abertas n'alma
Envenenadas fontes d'agonia,
Malditas por amor, a quem nem sombra
De amiga formosura o céu confia;

Eu triste, que, dos homens desprezado,
Só entregue a meu mal, quase em delírio,
Ator no palco estreito da desgraça,
Só espero a coroa do martírio;

Vate não sou, mortais; bem o conheço;
Meus versos, pela dor só inspirados, –
Nem são versos – menti – são ais sentidos,
Às vezes, sem querer, d'alma exalados;

São fel, que o coração verte em golfadas
Por contínuas angústias comprimido;
São pedaços das nuvens, que m'encobrem
Do horizontc da vida o sol querido;

São anéis da cadeia, qu'arrojou-me
Aos pulsos a desgraça, ímpia, sanhuda;
São gotas do veneno corrosivo,
Que em pranto pelos olhos me transuda.

Seca de fé, minha alma os lança ao mundo,
Do caminho que levam descuidada,
Qual, ludíbrio do vento, as secas folhas
Solta a esmo no ar planta mirrada.

Trovas (1853)

ADEUS AO MUNDO

I

Já do batel da vida
Sinto tomar-me o leme a mão da morte:
E perto avisto o porto
Imenso nebuloso, e sempre noite,
Chamado – Eternidade!
Como é tão belo o sol! Quantas grinaldas
Não tem de mais a aurora!!

Como requinta o brilho a luz dos astros!
Como são recendentes os aromas
Que se exalam das flores! Que harmonia
Não se desfruta no cantar das aves,
No embater do mar, e das cascatas,
No sussurrar dos límpidos ribeiros,
Na natureza inteira, quando os olhos
Do moribundo, quase extintos, bebem
Seus últimos encantos!

II

Quando eu guardava, ao menos na esperança,
Para o dia seguinte o sol de um dia,
De uma noite o luar para outras noites;
Quando durar contava mais que um prado,
Mais que o mar, que a cascata erguer meu canto,
E murmurá-lo num jardim de amores;
Quando julgava a natureza minha,
Desdenhava os seus dons: ei-la vingada:
Cedo de vermes rojarei ludíbrio,
E vida alardearão fracos arbustos
Sobre meu lar de morto! A noite, o dia,
O inverno, o verão, a primavera,
A aurora, a tarde, as nuvens, e as estrelas,
A rir-se passarão sobre meus ossos!
Não importa: não é perder o mundo
O que me azeda os pálidos instantes
Que conto por gemidos. Meu tormento,
Minha dor, é morrer longe da pátria,
Da mãe, e dos irmãos que tanto adoro.

III

Quando da pátria me ausentei, não tinha
Nada, que lhes deixar, que lhes dissesse
O que eram eles dentro de minh'alma.
Mendigo, a quem cedi pequena esmola,
Deu-me quatro sementes de saudades;
Ao meu jardim doméstico levei-as,
Cavei, reguei a terra com meu pranto,
E plantei as saudades. Soluçando
Chamei ali os meus: "Aqui vos deixo
(Disse apontando à plantação) em flores
Minh'alma toda inteira; aqui vos deixo
Um tesouro enterrado. Jóias, oiro,
Riquezas, não, não tem, porém na terra
Estéril não será." Ondas de pranto
Afogaram-me a voz: houve silêncio;
Palpei de novo o chão; vi que de novo
Cavado estava! A terra se afundara,
E as sementes nadavam sobre lágrimas,
Que minha mãe e minha irmã choravam...
Replantei-as, orei, beijei a terra,
E parti... Trouxe d'alma só metade;
E o coração?... deixei-o num abraço.

IV

Certo estou de que a planta, já crescida,
Terá brotado flor. Se ao menos dado
Me fosse colher uma... ver a terra
Pelo pranto dos meus santificada!
Se uma dessas saudades enfeitar-me
Viesse a minha essa, ou meu sudário,
Ou, pela mão materna transplantada,

Encravar-me as raízes no sepulcro...
É tão pouco, meu Deus!!... Eu não vos peço
Soberbo mausoléu, estátua augusta
De túmulo de rei. Assaz desprezo
Esses gigantes de oiro
Com entranhas de pó. Mortalha escassa
De grosseiro burel, que bordem lágrimas;
Terra só quanto baste p'ra um cadáver,
E as minhas saudades, e entre elas
Uma cruz com os braços bem abertos,
Que peça a todos preces. Terra, terra
Perto dos meus e no torrão da pátria,
É só quanto suplico.

V

A morte é dura,
Porém longe da pátria é dupla a morte.
Desgraçado do mísero, que expira
Longe dos seus, que molha a língua, seca
Pelo fogo da febre, em caldo estranho;
Que vigílias de amor não tem consigo,
Nem palavras amigas que lhe adocem
O tédio dos remédios, nem um seio,
Um seio palpitante de cuidados
Onde descanse a lânguida cabeça!
Feliz, feliz aquele, a quem não cercam
Nesse momento acerbo indiferentes
Olhos sem pranto; que na mão gelada
Sente a macia destra d'amizade
Num aperto de dor prender-lhe a vida!

Feliz o que no arfar da ânsia extrema
De desvelada irmã piedoso lenço,
Úmido de saudades vem limpar-lhe
As frias bagas dos finais suores!

Feliz o que repete a extrema prece,
Ensinada por ela, e beijar pode
O lenho do Senhor nas mãos maternas!

Desgraçado de mim!... Talvez bem cedo
Longe de mãe, de irmãos, longe da pátria
Tenha de me finar... Ramo perdido
Do tronco que o gerou, e arremessado
Por mão de Gênio mau à plaga alheia,
Mirrarei esquecido! Os céus o querem,
Os Céus são imutáveis: aos decretos
Do Senhor curvarei a fronte humilde,
Como cristão que sou. Eternidade,
Recebe-me a teu bordo!... Adeus, ó mundo!

VI

Já sinto da geada dos sepulcros
O pavoroso frio enregelar-me...
A campa vejo aberta, e lá do fundo
Um esqueleto em pé vejo a acenar-me...
Entremos. Deve haver nestes lugares
Mudança grave na mundana sorte;
Quem sempre a morte achou no lar da vida,
Deve a vida encontrar no lar da morte.

Vamos. Adeus, ó mãe, irmãos, e amigos!
Adeus, terra, adeus, mares, adeus, céus!...
Adeus, que vou viagem de finados...
Adeus... adeus... adeus!

Adeus, ó sol que, amigo iluminaste
Meu pobre berço com os raios teus...
Ilumina-me agora a sepultura: –
Adeus, meu sol, adeus!
Florezinhas, que quando era menino
Tanto servistes aos brinquedos meus,
Vegetai, vegetai-me sobre a campa: –
Adeus, flores, adeus!

Vós, cujo canto tanto me encantava,
Da madrugada alígeros orfeus,
Uma nênia cantai-me ao pôr da tarde:
Passarinhos, adeus!

Vamos. Adeus ó mãe, irmãos, e amigos!
Adeus, terra, adeus, mares, adeus, céus!...
Adeus: que vou viagem de finados!...
Adeus!... adeus!... adeus!

Ibidem

AMOR-PERFEITO

Secou-se a rosa... era rosa;
Flor tão fraca e melindrosa,
Muito não pôde durar.
Exposta a tantos calores,
Embora fossem de amores,
Cedo devia secar.

Porém tu, amor-perfeito,
Tu, nascido, tu afeito
Aos incêndios que amor tem,

Tu que abrasas, tu que inflamas,
Tu que vegetas nas chamas,
Por que secaste também?!

Ah! bem sei. De acesas fráguas
As chamas são tuas águas,
O fogo é água de amor.
Como as rosas se murcharam,
Porque as águas lhes falharam,
Sem fogo murchaste, flor.

É assim, que bem florente
Eras, quando o fogo ardente
De uns olhos que raios são,
Em breve, mas doce prazo,
Te orvalhou naquele vaso
Que já foi meu coração.

Secaste, porque esse pranto
Que chorei, que choro há tanto,
De todo o fogo apagou.
Triste, sem fogo, sem frágua
Secaste, como sem água,
A triste rosa secou.

Que olhos foram aqueles!
Quando eu mais fiava deles
Meu presente e meu porvir,
Faziam cruéis ensaios
Para matar-me. Eram raios,
Tinham por fim destruir.

Destruíram-me: contudo
Perdôo o pesar agudo,
Perdôo a pungente dor

Que sofri nos meus tormentos,
Pelos felizes momentos
Que me deram nesta flor.

Ai! querido amor-perfeito!
Como vivi satisfeito,
Quando te vi florescer!
Ai! não houve criatura
No prazer e na ventura
Que me pudesse exceder.

Ai! seca flor, de bom grado,
Se tanto pedisse o fado,
Quisera sacrificar
Liberdade e pensamento,
Sangue, vida, movimento,
Luz, olfato, sons e ar.

Só para ver-te florente,
Como quando o fogo ardente,
De uns olhos que raios são,
Em breve, mas doce prazo,
Te orvalhou naquele vaso
Que já foi meu coração.

Ibidem

Luís Gama

Nascido em Salvador, Bahia, em 21 de junho de 1830. De mãe africana e pai português, foi pelo genitor vendido como escravo aos 10 anos de idade. Quando se libertou, passou a defender intensamente a causa abolicionista. Foi amanuense da Secretaria de Polícia. Publicou apenas um livro, as *Primeiras trovas burlescas* (1861), mas colaborou intensamente na imprensa. Morreu em São Paulo, no dia 24 de agosto de 1882.

QUEM SOU EU?

Quem sou eu? que importa quem?
Sou um trovador proscrito,
Que trago na fronte escrito
Esta palavra – Ninguém! –
A. E. Zaluar, *Dores e flores*

Amo o pobre, deixo o rico,
Vivo como o Tico-tico;
Não me envolvo em torvelinho,
Vivo só no meu cantinho:
Da grandeza sempre longe
Como vive o pobre monge.
Tenho mui poucos amigos,
Porém bons, que são antigos,
Fujo sempre à hipocrisia,
À sandice, à fidalguia;
Das manadas de Barões?
Anjo Bento, antes trovões.
Faço versos, não sou vate,
Digo muito disparate,
Mas só rendo obediência
À virtude, à inteligência:
Eis aqui o *Getulino*,
Que no plectro anda mofino.
Sei que é louco e que é pateta
Quem se mete a ser poeta;
Que no século das luzes,
Os birbantes mais lapuzes,
Compram negros e comendas,
Têm brasões, não das Kalendas,
E com tretas e com furtos

Vão subindo a passos curtos;
Fazem grossa pepineira,
Só pela *Arte do Vieira*,
E com jeito e proteções,
Galgam altas posições!
Mas eu, sempre vigiando,
Nessa súcia vou malhando
De tratantes, bem ou mal
Com semblante festival.
Dou de rijo no pedante
De pílulas fabricante,
Que blasona arte divina,
Com sulfatos de quinina,
Trabusanas, xaropadas,
E mil outras patacoadas,
Que, sem pinga de rubor,
Diz a todos que é DOUTOR!
Não tolero o magistrado,
Que do brio descuidado,
Vende a lei, trai a justiça
– Faz a todos injustiça –
Com rigor deprime o pobre,
Presta abrigo ao rico, ao nobre,
E só acha horrendo crime
No mendigo, que deprime.
– Neste dou com dupla força,
Té que a manha perca ou torça.
Fujo às léguas do lojista,
Do beato e do *sacrista* –
Crocodilos disfarçados,
Que se fazem muito honrados,
Mas que tendo ocasião,
São mais feros que o Leão.
Fujo ao cego lisonjeiro,

Que, qual ramo de salgueiro,
Maleável, sem firmeza,
Vive à lei da natureza:
Que, conforme sopra o vento,
Dá mil voltas num momento.
O que sou e como penso,
Aqui vai com todo o senso,
Posto que já veja irados
Muitos lorpas enfunados,
Vomitando maldições
Contra as minhas reflexões.
Eu bem sei que sou qual Grilo
De maçante e mau estilo;
E que os homens poderosos
Desta arenga receosos,
Hão de chamar-me tarelo,
Bode, negro, Mongibelo;
Porém eu, que não me abalo,
Vou tangendo o meu badalo
Com repique impertinente,
Pondo a trote muita gente.
Se negro sou, ou sou bode,
Pouco importa. O que isto pode?
Bodes há de toda a casta,
Pois que a espécie é muita vasta...
Há cinzentos, há rajados,
Baios, pampas e malhados,
Bodes negros, *bodes brancos*,
E, sejamos todos francos,
Uns plebeus, e outros nobres,
Bodes ricos, bodes pobres,
Bodes sábios, importantes,
E também alguns tratantes...
Aqui, nesta boa terra,

Marram todos, tudo berra;
Nobres Condes e Duquesas,
Ricas Damas e Marquesas,
Deputados, senadores,
Gentis-homens, vereadores;
Belas Damas emproadas,
De nobreza empantufadas;
Repimpados principotes,
Orgulhosos fidalgotes,
Frades, Bispos, Cardeais,
Fanfarrões imperiais,
Gentes pobres, nobres gentes,
Em todos há *meus parentes.*
Entre a brava *militança*
Fulge e brilha alta *bodança*;
Guardas, Cabos, Furriéis,
Brigadeiros, Coronéis,
Destemidos Marechais,
Rutilantes Generais,
Capitães de mar e guerra,
– Tudo marra, tudo berra –
Na suprema eternidade,
Onde habita a Divindade,
Bodes há santificados,
Que por nós são adorados.
Entre o coro dos Anjinhos
Também há muitos bodinhos. –
O amante de Siringa
Tinha pêlo e má catinga;
O deus Mendes, pelas contas,
Na cabeça tinha pontas;
Jove quando foi menino,
Chupitou leite caprino;
E, segundo o antigo mito,

Também Fauno foi cabrito.
Nos domínios de Plutão,
Guarda um bode o Alcorão;
Nos lundus e nas modinhas
São cantadas as bodinhas:
Pois se todos têm *rabicho*,
Para que tanto capricho?
Haja paz, haja alegria,
Folgue e brinque a bodaria;
Cesse, pois, a matinada,
Porque tudo é *bodarrada*!

Primeiras trovas burlescas (1861)

MINHA MÃE

Minha mãe era mui bela,
Eu me lembro tanto dela,
De tudo quanto era seu!
Tenho em meu peito guardadas.
Suas palavras sagradas
C'os risos que ela me deu.
Junqueira Freire

Era mui bela e formosa,
Era a mais linda pretinha,
Da adusta Líbia rainha,
E no Brasil pobre escrava!
Oh, que saudades que tenho
Dos seus mimosos carinhos,
Quando c'os tenros filhinhos
Ela sorrindo brincava.

Éramos dois – seus cuidados,
Sonhos de sua alma bela;
Ela a palmeira singela,
Na fulva areia nascida.
Nos roliços braços de ébano,
De amor o fruto apertava,
E à nossa boca juntava
Um beijo seu, que era vida.

Quando o prazer entreabria
Seus lábios de roxo lírio,
Ela fingia o martírio
Nas trevas da solidão.
Os alvos dentes nevados
Da liberdade eram mito,
No rosto a dor do aflito,
Negra a cor da escravidão.

Os olhos negros, altivos,
Dois astros eram luzentes;
Eram estrelas cadentes
Por corpo humano sustidas.
Foram espelhos brilhantes
Da nossa vida primeira,
Foram a luz derradeira
Das nossas crenças perdidas.

Tão terna como a saudade
No frio chão das campinas,
Tão meiga como as boninas
Aos raios do sol de abril,
No gesto grave e sombria
Como a vaga que flutua,
Plácida a mente – era a Lua
Refletindo em Céus de anil.

Suave o gênio, qual rosa
Ao despontar da alvorada,
Quando treme enamorada
Ao sopro d'aura fagueira.
Brandinha a voz sonorosa,
Sentida como a Rolinha,
Gemendo triste sozinha,
Ao som da aragem faceira.

Escuro e ledo o semblante,
De encantos sorria a fronte,
– Baça nuvem no horizonte
Das ondas surgindo à flor;
Tinha o coração de santa,
Era seu peito de Arcanjo,
Mais pura n'alma que um anjo,
Aos pés de seu Criador.

Se junto à Cruz penitente,
A Deus orava contrita,
Tinha uma prece infinita
Como o dobrar do sineiro;
As lágrimas que brotavam
Eram pérolas sentidas,
Dos lindos olhos vertidas
Na terra do cativeiro.

Ibidem

Trajano Galvão

Nasceu na Vila de Nossa Senhora de Nazaré, Maranhão, em 19 de janeiro de 1830. Formou-se em Direito no Recife, em 1855. Sua escassa produção encontra-se reunida em *Três liras* (1862), juntamente com poemas de Marques Rodrigues e de Gentil de Almeida Braga. Postumamente, teve publicadas as *Sertanejas* (1898), com prefácio do conterrâneo Raimundo Correia. Morreu em São Luís, Maranhão, em 14 de julho de 1864.

O CALHAMBOLA

(Olinda, 1854)

Aqui, só, no silêncio das selvas
Quem me pode o descanso vedar?
Durmo à noite num leito de relvas,
Só a aurora me vem despertar.
Ante a onça, que afoita anda a corso,
Mais afoito meus passos não torço,
Nem é dúbia uma luta entre nós.
O bodoque a vez supre da bala,
Toda a mata medrosa se cala,
Quando rujo medonho na voz.

Tenho fome? A palmeira se verga,
Seus coquilhos alastram o chão,
E debaixo a cutia se enxerga
Assentada comendo na mão:
Se as entranhas se abrasam sedentas,
Tu, ó terra, mil fontes rebentas,
Como as fontes do leite à mulher!
Num terreno tão farto e maduro,
Quem lá pode cuidar no futuro,
Quem de fome ou de sede morrer?

Nasci livre, fizeram-me escravo,
Fui escravo, mas livre me fiz.
Negro, sim; mas o pulso do bravo
Não se amolda às algemas servis!
Negra a pel, mas o sangue no peito,
Como o mar em tormentas desfeito,
Ferve, estua, referve em cachões!
Negro, sim; mas é forte o meu braço,
Negros pés, mas que vencem o espaço,
Assolando, quais negros tufões!

Negro o corpo, afinou-se minh'alma
No sofrer, como ao fogo o tambor:
Mas altiva reergue-se a palma
Com o peso, assim eu com a dor!
Como a língua recolhe, pascendo
Tamanduá, de formigas fervendo,
Tal de açoutes cingiram-me os rins:
E eu bramia, qual onça enraivada
Que esbraveja, que brame acuada
Em um circo de leves mastins.

Eu bramia, porém não chorava,
Porque a onça bramiu, não chorou:
Membro a membro meu corpo quebrava,
A vontade ninguém ma quebrou!
Como reina a mudez na tapera,
No meu peito a vontade é que impera,
Aqui dentro só ela dá leis:
Se cometo uma empresa gigante
Co'o bodoque ou coa flecha talhante,
A vontade me brada – podeis. –

Oh! que sim! estes ombros possantes
Digno assento da fronte de um rei
Não mos hão de sulcar vis tagantes
Nunca mais... nunca mais que o jurei!
O homem forte que brada aos verdugos
"Guerra, guerra, ou quebrai-me estes jugos"
Tem um eco, tem voz lá no céu.
O que a morte não teme, eis o forte,
E mal basta o temer-se da morte,
Quem na vida tormenta correu.

Outros há, cujo peito abebera
O temor como ao peixe o tingui:
Oh! meu Deus! Oh! poder que eu pudera
Acendê-los num raio de mi!
Este sangue, em que bolha o insulto
De um covarde nas veias inulto
Não correra, ou vazara-o no chão!
Mas eu só... maldição sobre a escrava
Que o filhinho pro jugo aleitava,
Sobre ti, minha mãe, maldição!

Vivo só... pouco fundem meus brios
Contra o número e a força brutal,
Ínvios matos, ocultos desvios
Não me of'recem guarida cabal!
De que vale ao pau-d'arco a rijeza
De seu tronco, que o ferro despreza,
Quando o céu vibra raios a mil?
Oh! se cai... toda a mata retumba!
Pouco importa que o bravo sucumba
Quando a morte é briosa, é viril.

Três liras (1862)

A CRIOULA

Sou cativa... qu'importa? folgando
Hei de o vil cativeiro levar!...
Hei de sim, que o feitor tem mui brando
Coração, que se pode amansar!...
Como é terno o feitor, quando chama,
À noitinha, escondido co'a rama
No caminho – ó crioula, vem cá! –

Há hi nada que pague o gostinho
De poder-se ao feitor no caminho,
Faceirando, dizer – não vou lá –?

Tenho um pente coberto de lhamas
De ouro fino, que tal brilho tem,
Que raladas de inveja as mucamas
Me sobr'olham com ar de desdém.
Sou da roça; mas sou tarefeira...
Roça nova ou feraz capoeira,
Corte arroz ou apanhe algodão,
Cá comigo o feitor não se cansa;
Que o meu cofo não mente à balança,
Cinco arrobas e a concha no chão!

Ao tambor, quando saio da pinha
Das cativas, e danço gentil,
Sou senhora, sou alta rainha,
Não cativa, de escravos a mil!
Com requebros a todos assombro
Voam lenços, ocultam-me o ombro
Entre palmas, aplausos, furor!...
Mas, se alguém ousa dar-me uma punga,
O feitor de ciúmes resmunga,
Pega a taca, desmancha o tambor!

Na quaresma meu seio é só rendas
Quando vou-me a fazer confissão;
E o vigário vê cousas nas fendas,
Que quisera antes vê-las nas mãos...
Senhor padre, o feitor me inquieta;
É pecado...? não, filha, antes peta...
Goza a vida... esses mimos dos céus

És formosa... e nos olhos do padre
Eu vi cousa que temo não quadre
Co'o sagrado ministro de Deus...

Sou formosa... e meus olhos estrelas
Que transpassam negrumes do céu
Atrativos e formas tão belas
P'ra que foi que a natura m'as deu?
E este fogo, que me arde nas veias
Como o sol nas ferventes areias,
Por que arde? Quem foi que o ateou?
Apagá-lo vou já – não sou tola...
E o feitor lá me chama – ó crioula
E eu respondo-lhe branda "já vou".

7 de setembro de 1853

Ibidem

Álvares de Azevedo

Nasceu em São Paulo, em 12 de setembro de 1831. Sua produção foi publicada postumamente, em dois volumes (1853 e 1855), destacando-se, na poesia, a famosa *Lira dos vinte anos*, na prosa as narrativas de *Noite na taverna* e, no gênero dramático, *Macário*. Antes que se formasse em Direito, em São Paulo, a morte prematura o colheu no Rio de Janeiro, dia 25 de abril de 1852.

LEMBRANÇA DE MORRER

No more! o never more!
Shelley

Quando em meu peito rebentar-se a fibra
Que o espírito enlaça à dor vivente,
Não derramem por mim nem uma lágrima
Em pálpebra tremente.

E nem desfolhem na matéria impura
A flor do vale que adormece ao vento:
Não quero que uma nota de alegria
Se cale por meu triste passamento.

Eu deixo a vida como deixa o tédio
Do deserto, o poento caminheiro
– Como as horas de um longo pesadelo
Que se desfaz ao dobre de um sineiro;

Como o desterro de minh'alma errante,
Onde fogo insensato a consumia:
Só levo uma saudade – é desses tempos
Que amorosa ilusão embelecia.

Só levo uma saudade – é dessas sombras
Que eu sentia velar nas noites minhas...
De ti, ó minha mãe, pobre coitada
Que por minha tristeza te definhas!

De meu pai... de meus únicos amigos,
Poucos – bem poucos – e que não zombavam
Quando, em noites de febre endoudecido,
Minhas pálidas crenças duvidavam.

Se uma lágrima as pálpebras me inunda,
Se um suspiro nos seios treme ainda
É pela virgem que sonhei... que nunca
Aos lábios me encostou a face linda!

Só tu à mocidade sonhadora
Do pálido poeta deste flores...
Se viveu, foi por ti! e de esperança
De na vida gozar de teus amores.

Beijarei a verdade santa e nua,
Verei cristalizar-se o sonho amigo...
Ó minha virgem dos errantes sonhos,
Filha do céu, eu vou amar contigo!

Descansem o meu leito solitário
Na floresta dos homens esquecida,
A sombra de uma cruz, e escrevam nela:
– Foi poeta – sonhou – e amou na vida. –

Sombras do vale, noites da montanha
Que minha alma cantou e amava tanto,
Protegei o meu corpo abandonado,
E no silêncio derramai-lhe canto!

Mas quando preludia ave d'aurora
E quando à meia-noite o céu repousa,
Arvoredos do bosque, abri os ramos...
Deixai a lua prantear-me a lousa!

Poesias (1853)

IDÉIAS ÍNTIMAS

(Fragmento)

La chaise où je m'assieds, la natte où je me couche,
La table où je t'écris, ...
....
Mes gros souliers ferrés, mon bâton, mon chapeau,
Mes livres pêle-mêle entassés sur leur planche
....
De cet espace étroit sont tout l'ameublement.

Lamartine, *Jocelyn*

I

Ossian o bardo é triste como a sombra
Que seus cantos povoa. O Lamartine
É monótono e belo como a noite,
Como a lua no mar e o som das ondas...
Mas pranteia uma eterna monodia,
Tem na lira do gênio uma só corda,
Fibra de amor e Deus que um sopro agita:
Se desmaia de amor a Deus se volta,
Se pranteia por Deus de amor suspira.
Basta de Shakespeare. Vem tu agora,
Fantástico alemão, poeta ardente
Que ilumina o clarão das gotas pálidas
Do nobre Johannisberg! Nos teus romances
Meu coração deleita-se... Contudo
Parece-me que vou perdendo o gosto,
Vou ficando *blasé*, passeio os dias

Pelo meu corredor, sem companheiro,
Sem ler, nem poetar. Vivo fumando.
Minha casa não tem menores névoas
Que as deste céu d'inverno... Solitário
Passo as noites aqui e os dias longos;
Dei-me agora ao charuto em corpo e alma;
Debalde ali de um canto um beijo implora,
Como a beleza que o Sultão despreza,
Meu cachimbo alemão abandonado!
Não passeio a cavalo e não namoro;
Odeio o *lansquenet*... Palavra d'honra!
Se assim me continuam por dois meses
Os diabos azuis nos frouxos membros,
Vou na Praia Vermelha ou no Parnaso.

II

Enchi o meu salão de mil figuras.
Aqui voa um cavalo no galope,
Um roxo *dominó* as costas volta
A um cavaleiro de alemães bigodes,
Um preto beberrão sobre uma pipa,
Aos grossos beiços a garrafa aperta...
Ao longo das paredes se derramam
Extintas inscrições de versos mortos,
E mortos ao nascer... Ali na alcova
Em águas negras se levanta a ilha
Romântica, sombria à flor das ondas
De um rio que se perde na floresta...
Um sonho de mancebo e de poeta,
El-Dorado de amor que a mente cria
Como um Éden de noites deleitosas....
Era ali que eu podia no silêncio
Junto de um anjo... Além o romantismo!

Borra adiante folgaz caricatura
Com tinta de escrever e pó vermelho
A gorda face, o volumoso abdómen,
E a grossa penca do nariz purpúreo
Do alegre vendilhão entre botelhas
Metido num tonel... Na minha cômoda
Meio encetado o copo inda verbera
As águas d'oiro do *Cognac* fogoso.
Negreja ao pé narcótica botelha
Que da essência de flores de laranja
Guarda o licor que nectariza os nervos.
Ali mistura-se o charuto havano
Ao mesquinho cigarro e ao meu cachimbo.
A mesa escura cambaleia ao peso
Do titânio *Digesto*, e ao lado dele
Childe Harold entreaberto ou Lamartine
Mostra que o romantismo se descuida
E que a poesia sobrenada sempre
Ao pesadelo clássico do estudo.

III

Reina a desordem pela sala antiga,
Desce a teia de aranha as bambinelas
À estante pulvurenta. A roupa, os livros
Sobre as cadeiras poucas se confundem.
Marca a folha do *Faust* um colarinho
E Alfredo de Musset encobre às vezes
De Guerreiro ou Valasco um texto obscuro.
Como outrora do mundo os elementos
Pela treva jogando cambalhotas,
Meu quarto, mundo em caos, espera um *Fiat*!

IV

Na minha sala três retratos pendem.
Ali Victor Hugo. Na larga fronte
Erguidos luzem os cabelos loiros
Como c'roa soberba. Homem sublime,
O poeta de Deus e amores puros
Que sonhou Triboulet, Marion Delorme
E Esmeralda a Cigana... E diz a crônica
Que foi aos tribunais parar um dia
Por amar as mulheres dos amigos
E adúlteros fazer *romances vivos.*

V

Aquele é Lamennais – o bardo santo,
Cabeça de profeta, ungido crente,
Alma de fogo na mundana argila
Que as harpas de Sion vibrou na sombra,
Pela noite do século chamando
A Deus e à liberdade as loucas turbas.
Por ele a George Sand morreu de amores,
E dizem que... Defronte, aquele moço
Pálido, pensativo, a fronte erguida,
Olhar de Bonaparte em face austríaca,
Foi do homem secular as esperanças.
No berço imperial um céu de agosto
Nos cantos de triunfo despertou-o...
As águias de Wagram e de Marengo
Abriam flamejando as longas asas
Impregnadas do fumo dos combates,
Na púrpura dos Césares, guardando-o.
E o gênio do futuro parecia
Predestiná-lo à glória. A história dele?

Resta um crânio nas urnas do estrangeiro...
Um loureiro sem flores nem sementes...
E um passado de lágrimas... A terra
Tremeu ao sepultar-se o Rei de Roma.
Pode o mundo chorar sua agonia
E os louros de seu pai na fronte dele
Infecundos depor... Estrela morta,
Só pode o menestrel sagrar-te prantos!

VI

Junto a meu leito, com as mãos unidas,
Olhos fitos no céu, cabelos soltos,
Pálida sombra de mulher formosa
Entre nuvens azuis pranteia orando.
É um retrato talvez. Naquele seio
Porventura sonhei doiradas noites:
Talvez sonhando desatei sorrindo
Alguma vez nos ombros perfumados
Esses cabelos negros, e em delíquio
Nos lábios dela suspirei tremendo.
Foi-se minha visão. E resta agora
Aquela vaga sombra na parede
– Fantasma de carvão e pó cerúleo,
Tão vaga, tão extinta e fumarenta
Como de um sonho o recordar incerto.

VII

Em frente do meu leito, em negro quadro
A minha amante dorme. É uma estampa
De bela adormecida. A rósea face
Parece em visos de um amor lascivo
De fogos vagabundos acender-se...

E com a nívea mão recata o seio...
Oh! quantas vezes, ideal mimoso,
Não encheste minh'alma de ventura,
Quando louco, sedento e arquejante,
Meus tristes lábios imprimi ardentes
No poento vidro que te guarda o sono!

VIII

O pobre leito meu desfeito ainda
A febre aponta da noturna insônia.
Aqui lânguido a noite debati-me
Em vãos delírios anelando um beijo...
E a donzela ideal nos róseos lábios,
No doce berço do moreno seio
Minha vida embalou estremecendo...
Foram sonhos contudo. A minha vida
Se esgota em ilusões. E quando a fada
Que diviniza meu pensar ardente
Um instante em seus braços me descansa
E roça a medo em meus ardentes lábios
Um beijo que de amor me turva os olhos,
Me ateia o sangue, me enlanguesce a fronte,
Um espírito negro me desperta,
O encanto do meu sonho se evapora
E das nuvens de nácar da ventura
Rolo tremendo à solidão da vida!

IX

Oh! ter vinte anos sem gozar de leve
A ventura de uma alma de donzela!
E sem na vida ter sentido nunca
Na suave atração de um róseo corpo

Meus olhos turvos se fechar de gozo!
Oh! nos meus sonhos, pelas noites minhas
Passam tantas visões sobre meu peito!
Palor de febre meu semblante cobre,
Bate meu coração com tanto fogo!
Um doce nome os lábios meus suspiram,
Um nome de mulher... E vejo lânguida
No véu suave de amorosas sombras
Seminua, abatida, a mão no seio,
Perfumada visão romper a nuvem,
Sentar-se junto a mim, nas minhas pálpebras
O alento fresco e leve como a vida
Passar delicioso... Que delírios!
Acordo palpitante... Inda a procuro;
Embalde a chamo, embalde as minhas lágrimas
Banham meus olhos, e suspiro e gemo...
Imploro uma ilusão... Tudo é silêncio!
Só o leito deserto, a sala muda!
Amorosa visão, mulher dos sonhos,
Eu sou tão infeliz, eu sofro tanto!
Nunca virás iluminar meu peito
Com um raio de luz desses teus olhos?

X

Meu pobre leito! Eu amo-te contudo!

Aqui levei sonhando noites belas;
As longas horas olvidei libando
Ardentes gotas de licor doirado,
Esqueci-as no fumo, na leitura
Das páginas lascivas do romance...

Meu leito juvenil, da minha vida
És a página d'oiro. Em teu asilo
Eu sonho-me poeta, e sou ditoso,
E a mente errante devaneia em mundos
Que esmalta a fantasia! Oh! Quantas vezes
Do levante no sol entre odaliscas
Momentos não passei que valem vidas!
Quanta música ouvi que me encantava!

Quantas virgens amei! Que Margaridas,
Que Elviras saudosas e Clarissas
Mais trêmulo que Faust eu não beijava,
Mais feliz que Don Juan e Lovelace
Não apertei ao peito desmaiando!

Ó meus sonhos de amor e mocidade,
Por que ser tão formosos, se devíeis
Me abandonar tão cedo... E eu acordava
Arquejando a beijar meu travesseiro?

XI

Junto do leito meus poetas dormem
– O Dante, a Bíblia, Shakespeare e Byron –
Na mesa confundidos. Junto deles
Meu velho candeeiro se espreguiça
E parece pedir a formatura.
Ó meu amigo, ó velador noturno,
Tu não me abandonaste nas vigílias,
Quer eu perdesse a noite sobre os livros,
Quer, sentado no leito, pensativo
Relesse as minhas cartas de namoro!
Quero-te muito bem, ó meu comparsa
Nas doudas cenas de meu drama obscuro!

E num dia de *spleen*, vindo a pachorra,
Hei de evocar-te num poema heróico
Na rima de Camões e de Ariosto
Como padrão às lâmpadas futuras!

....

XII

Aqui sobre esta mesa junto ao leito
Em caixa negra dous retratos guardo.
Não os profanem indiscretas vistas.
Eu beijo-os cada noite: neste exílio
Venero-os juntos e os prefiro unidos
– Meu pai e minha mãe. – Se acaso um dia
Na minha solidão me acharem morto,
Não os abra ninguém. Sobre meu peito
Lancem-os em meu túmulo. Mais doce
Será certo o dormir da noite negra
Tendo no peito essas imagens puras.

XIII

Havia uma outra imagem que eu sonhava
No meu peito na vida e no sepulcro.
Mas ela não o quis... rompeu a tela
Onde eu pintara meus doirados sonhos.
Se posso no viver sonhar com ela,
Essa trança beijar de seus cabelos
E essas violetas inodoras, murchas,
Nos lábios frios comprimir chorando,
Não poderei na sepultura, ao menos,
Sua imagem divina ter no peito.

XIV

Parece que chorei... Sinto na face
Uma perdida lágrima rolando...
Satã leve a tristeza! Olá, meu pajem,
Derrama no meu copo as gotas últimas
Dessa garrafa negra...
                                        Eia! bebamos!
És o sangue do gênio, o puro néctar
Que as almas de poeta diviniza,
O condão que abre o mundo das magias!
Vem, fogoso *Cognac*! É só contigo
Que sinto-me viver. Inda palpito,
Quando os eflúvios dessas gotas áureas
Filtram no sangue meu correndo a vida,
Vibram-me os nervos e as artérias queimam,
Os meus olhos ardentes se escurecem
E no cérebro passam delirosos
Assomos de poesia... Dentre a sombra
Vejo num leito d'oiro a imagem dela
Palpitante, que dorme e que suspira,
Que seus braços me estende...
                                        Eu me esquecia:
Faz-se noite; traz fogo e dous charutos
E na mesa do estudo acende a lâmpada...

Ibidem

O POETA MORIBUNDO

Poetas! amanhã ao meu cadáver
Minha tripa cortai mais sonorosa!...
Façam dela uma corda, e cantem nela
Os amores da vida esperançosa!

Cantem esse verão que me alentava...
O aroma dos currais, o bezerrinho,
As aves que na sombra suspiravam,
E os sapos que cantavam no caminho!

Coração, por que tremes? Se esta lira
Nas minhas mãos sem força desafina,
Enquanto ao cemitério não te levam,
Casa no marimbau a alma divina!

Eu morro qual nas mãos da cozinheira
O marreco piando na agonia...
Como o cisne de outrora... que gemendo
Entre os hinos de amor se enternecia.

Coração, por que tremes? Vejo a morte,
Ali vem lazarenta e desdentada...
Que noiva!... E devo então dormir com ela?...
Se ela ao menos dormisse mascarada!

Que ruínas! que amor petrificado!
Tão antediluviano e gigantesco!
Ora, façam idéia que ternuras
Terá essa lagarta posta ao fresco!

Antes mil vezes que dormir com ela,
Que dessa fúria o gozo, amor eterno...
Se ali não há também amor de velha,
Dêem-me as caldeiras do terceiro Inferno!

No inferno estão suavíssimas belezas,
Cleópatras, Helenas, Eleonoras;
Lá se namora em boa companhia,
Não pode haver inferno com Senhoras!

Se é verdade que os homens gozadores,
Amigos de no vinho ter consolos,
Foram com Satanás fazer colônia,
Antes lá que do Céu sofrer os tolos! –

Ora! e forcem um'alma qual a minha
Que no altar sacrifica ao Deus-Preguiça
A cantar ladainha eternamente
E por mil anos ajudar a Missa!

Ibidem

MEU SONHO

Eu

Cavaleiro das armas escuras,
Onde vais pelas trevas impuras
Com a espada sanguenta na mão?
Por que brilham teus olhos ardentes
E gemidos nos lábios frementes
Vertem fogo do teu coração?

Cavaleiro, quem és? o remorso?
Do corcel te debruças no dorso...
E galopas do vale através...
Oh! da estrada acordando as poeiras
Não escutas gritar as caveiras
E morder-te o fantasma nos pés?

Onde vais pelas trevas impuras,
Cavaleiro das armas escuras,
Macilento qual morto na tumba?...
Tu escutas... Na longa montanha

Um tropel teu galope acompanha?
E um clamor de vingança retumba?

Cavaleiro, quem és? – que mistério,
Quem te força da morte no império
Pela noite assombrada a vagar?

O Fantasma

Sou o sonho de tua esperança,
Tua febre que nunca descansa,
O delírio que te há de matar!...

Obras (1862)

TERESA

Je l'ayme tant que je n'ose l'aymer.
Clément Marot

Quando junto de mim Teresa dorme,
Escuto o seio dela docemente:
Exalam-se dali notas aéreas,
Não sei que de amoroso e de inocente!

Coração virginal é um alaúde
Que dorme no silêncio e no retiro...
Basta o roçar das mãos do terno amante,
Para exalar suavíssimo suspiro!

Nas almas em botão, nesse crepúsculo
Que da infante e da flor abre a corola,
Murmuram leve os trêmulos sentidos,
Como ao sopro do vento uma viola.

Diz – amor! – essa voz da lira interna,
É suspiro de flor que o vento agita,
Vagos desejos, ânsia de ternura,
Uma brisa de aurora que palpita.

Como dorme inocente esta criança!
Qual flor que abriu de noite o níveo seio,
E se entrega da aragem aos amores,
Nos meus braços dormita sem receio.

O que eu adoro em ti é no teu rosto
O angélico perfume da pureza;
São teus quinze anos numa fronte santa
O que eu adoro em ti, minha Teresa!

São os loiros anéis de teus cabelos,
O esmero da cintura pequenina,
Da face a rosa viva, e de teus olhos
A safira que a alma te ilumina!

É tua forma aérea e duvidosa
– Pudor d'infante e virginal enleio;
Corpo suave que nas roupas brancas
Revela apenas que desponta o seio.

Eu sei, mimosa, que tu és um anjo
E vives de sonhar, como as ondinas,
E és triste como a rola, e quando dormes
Do peito exalas músicas divinas!

Ah! perdoa este beijo! eu te amo tanto!
Eu vivo de tua alma na fragrância...
Deixa abrir-te num beijo as flores d'alma,
Deixa-me respirar na tua infância!

Não acordes tão cedo! enquanto dormes
Eu posso dar-te beijos em segredo...
Mas, quando nos teus olhos raia a vida,
Não ouso te fitar... eu tenho medo!

Enquanto dormes, eu te sonho amante,
Irmã de serafins, doce donzela;
Sou teu noivo... respiro em teus cabelos
E teu seio venturas me revela...

Deliro... junto a mim eu creio ouvir-te
O seio a suspirar, teu ai mais brando,
Pouso os lábios nos teus; no teu alento
Volta minha pureza suspirando!

Teu amor como o sol apura e nutre;
Exala fresquidão, é doce brisa;
É uma gota do céu que aroma os lábios
E o peito regenera e suaviza.

Quanta inocência dorme ali com ela!
Anjo desta criança, me perdoa!
Estende em minha amante as asas brancas,
A infância no meu beijo abandonou-a!

Poesias (1853)

SE EU MORRESSE AMANHÃ!

Se eu morresse amanhã, viria ao menos
Fechar meus olhos minha triste irmã;
Minha mãe de saudades morreria
        Se eu morresse amanhã!

Quanta glória pressinto em meu futuro!
Quc aurora dc porvir e que manhã!
Eu perdera chorando essas coroas
        Se eu morresse amanhã!

Que sol! que céu azul! que doce n'alva
Acorda a natureza mais louçã!
Não me batera tanto amor no peito
        Se eu morresse amanhã!

Mas essa dor da vida que devora
A ânsia de glória, o dolorido afã...
A dor no peito emudecera ao menos
        Se eu morresse amanhã!

Ibidem

Junqueira Freire

Nasceu em Salvador, Bahia, em 31 de dezembro de 1832, e desde pequeno revelou saúde débil. Em 1851, ingressou na Ordem Beneditina, sem que dispusesse de efetiva vocação para a vida monástica, a ponto de abandoná-la em 1854. Seu único livro publicado em vida foram as *Inspirações do claustro* (1855), a que se seguiriam, em 1868, as *Contradições poéticas.* Faleceu em Salvador, no dia 24 de junho de 1855.

À PROFISSÃO DE FREI JOÃO DAS MERCÊS RAMOS

Entretanto o céu se levanta sereno e
pomposo como para um dia de festa.
Carlos Lacretelle

Eu também antevi dourados dias
   Nesse dia fatal:
Eu também, como tu, sonhei contente
   Uma ventura igual.

Eu também ideei a linda imagem
   Da placidez da vida:
Eu também desejei o claustro estéril.
   Como feliz guarida.

Eu também me prostrei ao pé das aras
   Com júbilo indizível:
Eu também declarei com forte acento
   O juramento horrível.

Eu também afirmei que era bem fácil
   Esse voto imortal:
Eu também prometi cumprir as juras
   Desse dia fatal.

Mas eu não tive os dias de ventura
   Dos sonhos que sonhei:
Mas eu não tive o plácido sossego
   Que tanto procurei.

Tive mais tarde a reação rebelde
    Do sentimento interno.
Tive o tormento dos cruéis remorsos,
    Que me parece eterno.

Tive as paixões que a solidão formava
    Crescendo-me no peito.
Tive, em lugar das rosas que esperava,
    Espinhos no meu leito.

Tive a calúnia tétrica vestida
    Por mãos a Deus sagradas.
Tive a calúnia – que mais livre abrange
    Ó Deus! vossas moradas!

Iludimo-nos todos! – Concebemos
    Um paraíso eterno:
E quando nele sôfregos tocamos,
    Achamos um inferno.

Virgem formosa entre visão fantástica
    Que tão real parece!
Mas quando a mão chega a tocá-la quase,
    Lá vai, lá se esvaece!

Sonho da infância que nos traz aos lábios
    Um riso mais que doce:
Mas uma voz, um som... – some-se o sonho,
    Como se nunca fosse.

Tu, filho da esperança! – tu juraste
    O que também juramos.
Tu acreditas, inocente! – ainda
    O quanto acreditamos!

Oh! que não sofra as dores que nos ferem
    Teu jovem coração!
Que o futuro que esperas não se torne
    Terrível ilusão!

Que sobre nós – os filhos da desgraça –
    Levantes um troféu:
E que não aches, – como nós achamos –
    Inferno em vez de céu!

24 de outubro de 1852

Inspirações do claustro (1855)

LOUCO

(Hora de delírio)

Não, não é louco. O espírito somente
É que quebrou-lhe um elo da matéria.
Pensa melhor que vós, pensa mais livre,
Aproxima-se mais à essência etérea.

Achou pequeno o cérebro que o tinha:
Suas idéias não cabiam nele;
Seu corpo é que lutou contra sua alma,
E nessa luta foi vencido aquele.

Foi uma repulsão de dois contrários:
Foi um duelo, na verdade, insano:
Foi um choque de agentes poderosos:
Foi o divino a combater com o humano.

Agora está mais livre. Algum atilho
Soltou-se-lhe do nó da inteligência;
Quebrou-se o anel dessa prisão de carne,
Entrou agora em sua própria essência.

Agora é mais espírito que corpo:
Agora é mais um ente lá de cima;
É mais, é mais que um homem vão de barro:
É um anjo de Deus, que Deus anima.

Agora, sim – o espírito mais livre
Pode subir às regiões supernas:
Pode, ao descer, anunciar aos homens
As palavras de Deus, também eternas.

E vós, almas terrenas, que a matéria
Ou sufocou ou reduziu a pouco,
Não lhe entendeis, por isso, as frases santas.
E zombando o chamais, portanto: – um louco!

Não, não é louco. O espírito somente
É que quebrou-lhe um elo da matéria.
Pensa melhor que vós, pensa mais livre.
Aproxima-se mais à essência etérea.

Contradições poéticas (1868)

DESEJO

(Hora de delírio)

Se além dos mundos esse inferno existe,
    Essa pátria de horrores,
Onde habitam os tétricos tormentos,
    As inefáveis dores;

Se ali se sente o que jamais na vida
    O desespero inspira:
Se o suplício maior, que a mente finge,
    A mente ali respira;

Se é de compacta, de infinita brasa
    O solo que se pisa:
Se é fogo, e fumo e súlfur, e terrores,
    Tudo que ali se visa;

Se ali se goza um gênero inaudito
    De sensações terríveis;
Se ali se encontra esse real de dores
    Na vida não possíveis;

Se é verdade esse quadro que imaginam
    As seitas dos cristãos;
Se esses demônios, anjos maus, ou fúrias,
    Não são uns erros vãos;

Eu – que tenho provado neste mundo
    As sensações possíveis;
Que tenho ido da afeição mais terna
    Às penas mais incríveis;

Eu – que tenho pisado o colo altivo
    De vária e muita dor;
Que tenho sempre das batalhas dela
    Surgido vencedor;

Eu – que tenho arrostado imensas mortes,
    E que pareço eterno;
Eu quero de uma vez morrer pra sempre,
    Entrar por fim no inferno!

Eu quero ver se encontro ali no abismo
Um tormento invencível:
– Desses que achá-los na existência toda
Jamais será possível!

Eu quero ver se encontro alguns suplícios.
Que o coração me domem;
Quero lhe ouvir esta palavra incógnita:
– Chora por fim, – que és homem!

Que, de arrostar as dores desta vida,
Quase pareço eterno!
Estou cansado de vencer o mundo,
Quero vencer o inferno!

Ibidem

MORTE

(Hora de delírio)

Pensamento gentil de paz eterna
Amiga morte, vem. Tu és o termo
De dois fantasmas que a existência formam,
– Dessa alma vã e desse corpo enfermo.

Pensamento gentil de paz eterna.
Amiga morte, vem. Tu és o nada,
Tu és a ausência das moções da vida,
Do prazer que nos custa a dor passada.

Pensamento gentil de paz eterna,
Amiga morte, vem. Tu és apenas
A visão mais real das que nos cercam,
Que nos extingues as visões terrenas.

Nunca temi tua destra,
Não sou o vulgo profano:
Nunca pensei que teu braço
Brande um punhal sobre-humano.

Nunca julguei-te em meus sonhos
Um esqueleto mirrado:
Nunca dei-te, pra voares,
Terrível ginete alado.

Nunca te dei uma foice
Dura, fina e recurvada;
Nunca chamei-te inimiga,
Ímpia, cruel ou culpada.

Amei-te sempre: – e pertencer-te quero
Para sempre também, amiga morte.
Quero o chão, quero a terra, – esse elemento;
Que não se sente dos vaivéns da sorte.

Para tua hecatombe de um segundo
Não falta alguém? – Preenche-a tu comigo.
Leva-me à região da paz horrenda,
Leva-me ao nada, leva-me contigo.

Miríadas de vermes lá me esperam
Para nascer de meu fermento ainda.
Para nutrir-se de meu suco impuro,
Talvez me espera uma plantinha linda.

Vermes que sobre podridões refervem,
Plantinha que a raiz meus ossos ferra,
Em vós minha alma e sentimento e corpo
Irão em partes agregar-se à terra.

E depois nada mais. Já não há tempo,
Nem vida, nem sentir, nem dor, nem gosto.
Agora o nada, – esse real tão belo
Só nas terrenas vísceras deposto.

Facho que a morte ao lumiar apaga,
Foi essa alma fatal que nos aterra.
Consciência, razão, que nos afligem,
Deram em nada ao baquear em terra.

Única idéia mais real dos homens,
Morte feliz, – eu quero-te comigo.
Leva-me à região da paz horrenda,
Leva-me ao nada, leva-me contigo.

Também desta vida à campa
Não transporto uma saudade.
Cerro meus olhos contente,
Sem um ai de ansiedade.

E como autômato infante
Que ainda não sabe sentir,
Ao pé da morte querida
Hei de insensato sorrir.

Por minha face sinistra
Meu pranto não correrá.
Em meus olhos moribundos
Terrores ninguém lerá.

Não achei na terra amores
Que merecessem os meus.
Não tenho um ente no mundo
A quem diga o meu – adeus.

Não posso da vida à campa
Transportar uma saudade.
Cerro meus olhos contente
Sem um ai de ansiedade.

Por isso, ó morte, ou amo-te, e não temo:
Por isso, ó morte, eu quero-te comigo.
Leva-me à região da paz horrenda,
Leva-me ao nada, leva-me contigo.

Ibidem

Sousândrade

Nasceu em Alcântara, Maranhão, em 9 de julho de 1833. Viajou pela Europa, Estados Unidos e América do Sul. Jornalista e professor, estreou em poesia com *Harpas selvagens* (1857), e sua obra mais conhecida – *O Guesa* – foi sendo parcialmente publicada a partir de 1866. A poesia de Sousândrade obteve o reconhecimento crítico de Camilo Castelo Branco, em seu *Cancioneiro alegre*. Já afetado no domínio das faculdades mentais, e sentindo-se incompreendido, o poeta faleceu na cidade natal, em 21 de abril de 1902.

O GUESA

Canto Primeiro

(Fragmentos)

Eia, imaginação divina!
                                        Os Andes
        Vulcânicos elevam cumes alvos,
        Nuvens flutuando – que espetác'los grandes!
Lá, onde o ponto do condor negreja,
        Cintilando no espaço como brilhos
        De olhos, e cai a prumo sobre os filhos
        Do lhama descuidado; onde lampeja
Da tempestade o raio; onde deserto,
        O azul sertão formoso e deslumbrante,
        Arde o sol o incêndio, delirante
        Coração vivo em céu profundo aberto!

        "Nos áureos tempos, nos jardins da América
        Infante adoração dobrando a crença
        Ante belo sinal, nuvem ibérica
        Em sua noite envolveu ruidosa e densa.
        Cândidos Incas! Quando já campeiam
        Os heróis vencedores do inocente
        Índio nu, quando os templos se incendeiam,
        Já sem virgens, sem ouro reluzente,
        Sem as sombras dos reis filhos de Manco,
        viu-se... (que tinham feito? E pouco havia
        A fazer-se...) num leito puro e branco
        A corrupção, que os braços estendia!
        E da existência meiga, afortunada,
        O róseo fio nesse albor ameno
        Foi destruído. Como ensangüentada
        A terra fez sorrir ao céu sereno!
        Foi tal a maldição dos que caídos

Morderam dessa mãe querida o seio,
A contrair-se aos beijos, denegridos,
O desespero se imprimi-los veio, –
Que ressentiu-se, verdejante e válido,
O floripôndio em flor; e quando o vento
Mugindo estorce-o doloroso, pálido,
Gemidos se ouvem no amplo firmamento!
E o sol, que resplandece na montanha
As noivas não encontra, não se abraçam
No puro Amor; e os fanfarrões de Espanha,
Em sangue edênio os pés lavando, passam.
Caiu a noite da nação formosa;
Cervais romperam por nevado armento,
Quando com a ave a corte deliciosa
Festejava o purpúreo nascimento."

Assim volvia o olhar o Guesa Errante
Às meneadas cimas qual altares
Do gênio pátrio, que a ficar distante
Se eleva a alma beijando-a além dos ares.
E enfraquecido o coração, perdoa
Pungentes males que lhe estão dos seus
Talvez feridas setas abençoa
Na hora saudosa, murmurando adeus.

Porém, não se interrompa esta paisagem
Do sol no espaço! Misteriosa calma
No horizonte; na luz, bela miragem
Errando, sonhos de doirada palma!
Eia, imaginação divina! Sobre
As ondas do Pacífico azulado
O fantasma da Serra projetado
Áspero cinto de nevoeiros cobre:
Donde as torrentes espumando saltam

E o lago anila seus lençóis de espelho,
E as colunas dos picos de um vermelho
Clarão ao longe as solidões esmaltam.
A forma os Andes tomam solitária
Da eternidade em roto vendaval
E os mares compelindo procelária,
Condensa, altiva, indômita, infernal!
(Ao que do oceano sobe, avista a curva
Perdendo-se lá do éter no infinito,
Treme-lhe o coração; a mente turva
Se inclina e beija a terra – Deus bendito!)
Ou a da noite austral, co'a flor do prado
Comunicando o astro; ou a do bronco
E convulsivo anelar dum tronco
De constritor, o páramo abrasado!

[...]

Meia-noite! O Guesa Errante
(Na selva os berros do jaguar fragueiros,
Nas plúmbeas praias da deserta Ronda
Colhendo o lanço os ledos marinheiros),
Do seu banho noturno agora da onda
Se separava. Assobiando os ventos
Nas encostas sonoras, lhe enxergavam
Os seus negros cabelos, que agitavam
Qual ondulam sombrios movimentos
Sobre o Solimões pálido. Ele escuta:
Auras surdas; diáfanas alfombras
No espaço; o ressonar da pedra bruta;
E entristeceu.
Contemplação nas sombras.

[...]

Ora o Guesa, talvez supersticioso
Do deserto, das sombras, dessas vozes
Formidáveis da noite além nas fozes,
Estremeceu e despertou medroso:
Que é num lúcido sono que as idéias
Prolongam-se mais fundas em nossa alma.

"Quem se está rindo?!... eu devo com mais calma
Pensar... não são tão sós mesmo as areias...
E eu verguei ao peso dos meus males –
Céus, quanto sofro! Tenho consumido
Gota por gota do meu negro cálix
O fel, de que acabei por ser nutrido..."
Força da solidão, eterna imagem
Contemplada nos céus, alma em ação,
Oh! sê divina! E vós, musas da aragem,
Vibrai as harpas da meditação!

[...]

– Eis o risonho grupo das auroras!
"Não; foi rara neblina quando move
De seu vapor as alvas fraldas belas;
Ainda o grito das aves sentinelas
Das horas do deserto, ao longe se ouve.
"Não esperei de viver tanto! Há muito
Que está contado o número sombrio
Dos dias meus. À beira deste rio
Preso às minhas ruínas se ainda nuto,
"É porque tenho de pagar favores
De muitas mãos, que foram recebidos
Por um prazo, que julgavam-se perdidos,
Talvez, e são as sempre-vivas dores."

O Guesa (1868)

MADEMOISELLE

Rien de plus beau que Paris
Provérbio

Fujamos, vida e luz, riso da minha terra,
Sol do levante meu, lírio da negra serra,
Doce imagem de azuis brandos formosos olhos
Dos róseos mares vinda à plaga dos abrolhos
Muita esperança trazer, muita consolação!
Virgem, do undoso Sena à margem vicejante
Crescendo qual violeta, amando qual errante
Formosa borboleta às flores da estação!

Partamos para Auteuil, é lá que vivo agora;
Vê como o dia é belo! ali há sempre aurora
Nas selvas, denso umbror dos bosques de Bolonha.
– Ouve estrondar Paris! Paris delira e sonha
O que realiza lá voluptuar de amor –
Lá onde dorme a noite, acorda a natureza,
Reluz a flor na calma e os hinos da devesa
Ecoam dentro d'alma ais de pungido ardor.

Aos jogos nunca foste, às águas de Versailles?
Vamos lá hoje!... ali, palácios e convales
Do rei Luís XIV alembram grande corte:
Maria Antonieta ali previa a sorte
Dos seus cabelos d'ouro em ondas na *bergère*. –
Tu contarás, voltando... inventa muita coisa,
Prazer de velhos pais, – que viste a bela esposa
Das feras! com chacais dançando La Barrère!

Oh! vamos, meu amor! costuras abandona;
Deixa por hoje o hotel, que eu... deixo a Sorbona –
E fugitivos, do ar contentes passarinhos,
Perdidos pela sombra e a moita dos caminhos
Até a verde em flor *villa* Montmorency!
De lá, és minha prima andando séria e grave;
Entramos no portão: eu dou-te a minha chave
E sobes, meu condão, ao quarto alvo e *joli*!

Hesitas? ou, senão, sigamos outra via;
Do trem que vai partir a válvula assobia,
O povo se acumula, aqui ninguém a ver-nos:
Fujamos para o céu! que fosse p'ros infernos
Contigo... – "oui" –. Não deixes estar teu colo nu!
Há gente no *vagon*... sou fúria de ciúme –
Desdobra o véu no rosto... olhos com tanto lume... –
Corria o mês de agosto; entramos em Saint-Cloud.

Eólias (1868)

DÁ MEIA-NOITE

Alb......

Dá meia-noite; em céu azul-ferrete
Formosa espádua a lua
Alveja nua,
E voa sobre os templos da cidade.

Nos brancos muros se projetam sombras;
Passeia a sentinela
À noite bela
Opulenta da luz da divindade.

O silêncio respira; almos frescores
Meus cabelos afagam;
Gênios vagam,
De alguma fada no ar andando à caça.

Adormeceu a virgem; dos espíritos
Jaz nos mundos risonhos –
Fora eu os sonhos
Da bela virgem... uma nuvem passa.

Ibidem

Bittencourt Sampaio

Nasceu em Laranjeiras, Sergipe, em 1 de fevereiro de 1834. Formou-se em Direito em São Paulo no ano de 1859. É de 1860 seu livro mais importante, *Flores silvestres.* Transferiu-se para o Rio de Janeiro, onde exerceu a advocacia. Foi deputado pela província natal. De sua adesão ao espiritismo resultou *A divina epopéia de João Evangelista* (1882). Ocupou relevantes cargos na República, como o de redator dos debates da Assembléia Constituinte, entre 1889 e 1892. Morreu no Rio de Janeiro, em 10 de outubro de 1895.

PRANTO MATUTINO

Eu de noite a sós contigo
Mil beijos de amor te dei;
Tu me chamavas de amigo...
          – "Por quê, bem sei!"

De encontro ao meu palpitando
Batia teu seio então!
Tu me abraçavas corando...
          – "Não digas, não!"

Nos céus a Lua brilhava,
Que brilho o seu! que palor!
Dizias que ela sonhava...
          – "Amor! Amor!"

Na relva fresca e macia
Ao lado teu me deitei;
Nem um, nem outro dormia
          – "Por quê? Não sei."

Porque o amor é loucura,
É chama que vive a arder;
Só quando mostra a ventura...
          – "Nos faz morrer!"

A aurora lá no Oriente
Por entre flores sorriu;
E tu choraste inocente...
          – "Quem foi que viu?"

O prado, a relva, as boninas
Que o sol depois enxugou;
Essas gotas cristalinas...
          – "Somente um anjo as chorou"...

Flores silvestres (1860)

A MUCAMA

(Bahia)

Eu gosto bem desta vida,
Por que não hei de gostar?
A minha *branca* querida
Não hei de nunca deixar.
Eu gosto bem desta vida,
Por que não hei de gostar?

Tenho camisa mui fina
Com mui fino cabeção;
As minhas saias da China
São feitas de babadão.
Tenho camisa mui fina
Com mui fino cabeção.

– "Sinhá, permite que eu saia?
"– À tarde pode sair."
Visto então a minha saia,
Lá me vou a sacudir.
Sinhá, permite que eu saia?
"– À tarde pode sair."

Deito o meu torço com graça
E a minha beca também;
Atravesso a rua, a praça,
Dizem logo: "Ei-la que vem!"
Deito o meu torço com graça
E a minha beca também;

Se arrasto bem as chinelas
As chaves fazem tim... tim...
Vejo abrir-se uma janela
Donde alguém olha p'ra mim.
Se arrasto bem as chinelas
As chaves fazem tim... tim...

E o velho diz do sobrado:
"Minha crioula, vem cá".
Não gosto do seu chamado,
Não sou crioula: p'ra lá!
E o velho diz do sobrado:
"Minha crioula, vem cá".

Os moços todos me adoram,
Me chamam da noite flor;
Atrás de mim eles choram,
Por eles não sinto amor.
Os moços todos me adoram,
Me chamam da noite flor.

Tenho alguém que no caminho
À noite me vem falar;
Que com afago e carinho
Sabe a mucama abraçar.
Tenho alguém que no caminho
À noite me vem falar.

Que me diz com voz mansinha
O que eu nunca ouvi dizer:
"Minha *preta*, tu és minha,
Hás de comigo viver!"
Que me diz com voz mansinha
O que eu nunca ouvi dizer.

É sinhô-moço! Que agrado!
É sinhô como não há!
Diz-me sempre: "Tem cuidado!
Não contes nada a sinhá!"
É sinhô-moço! Que agrado!
É sinhô como não há!

Já nem tenho mais saudade
Da minha terra gentil!
Vivo escrava da amizade,
Quero morrer no Brasil.
Já nem tenho mais saudade
Da minha terra gentil!

À noite sei o meu canto,
Que faz o peito gemer;
Mas nestes olhos o pranto
Jamais ninguém há de ver!
À noite sei o meu canto,
Que faz o peito gemer.

Eu gosto bem desta vida,
Por que não hei de gostar?
A minha *branca* querida
Não hei de nunca deixar.
Eu gosto bem desta vida,
Por que não hei de gostar?

Ibidem

Juvenal Galeno

Nasceu em Fortaleza, Ceará, em 27 de setembro de 1836. Em sua quase centenária existência, foi agricultor, deputado, diretor de biblioteca. É exemplo da vertente popular da poesia romântica. Seu livro de maior sucesso, *Lendas e canções populares*, foi publicado em 1865. Permaneceu sempre fiel à simplicidade, em prosa ou verso. Faleceu em Fortaleza, Ceará, em 7 de março de 1931.

CAJUEIRO PEQUENINO

Cajueiro pequenino,
Carregadinho de flor,
À sombra das tuas folhas
Venho cantar meu amor,
    Acompanhado somente
    Da brisa pelo rumor,
    Cajueiro pequenino,
    Carregadinho de flor.

Tu és um sonho querido
De minha vida infantil,
Desde esse dia... me lembro...
Era uma aurora d'abril,
    Por entre verdes ervinhas
    Nasceste todo gentil,
    Cajueiro pequenino,
    Meu lindo sonho infantil.

Que prazer quando encontrei-te
Nascendo junto ao meu lar!
– Este é meu, este defendo,
Ninguém mo venha arrancar! –
    Bradei e logo cuidoso,
    Contente fui te alimpar,
    Cajueiro pequenino,
    Meu companheiro do lar.

Cresceste... se eu te faltasse,
Que de ti seria, irmão?
Afogado nestes matos,
Morto à sede no verão...

Tu que foste sempre enfermo
Aqui neste ingrato chão!
Cajueiro pequenino,
Que de ti seria, irmão?

Cresceste... crescemos ambos,
Nossa amizade também;
Eras tu o meu enlevo,
O meu afeto o teu bem;
Se tu sofrias... eu, triste,
Chorava como... ninguém!
Cajueiro pequenino,
Por mim sofrias também!

Quando em casa me batiam,
Contava-te o meu penar;
Tu calado me escutavas,
Pois não podias falar;
Mas no teu semblante, amigo,
Mostravas grande pesar,
Cajueiro pequenino,
Nas horas do meu penar!

Após as dores... me vias
Brincando ledo e feliz
O-tempo-será e outros
Brinquedos que eu tanto quis!
Depois cismando a teu lado
Em muito verso que fiz...
Cajueiro pequenino,
Me vias brincar feliz!

Mas um dia... me ausentaram...
Fui obrigado... parti!
Chorando beijei-te as folhas...
Quanta saudade senti!
    Fui-me longe... muitos anos
    Ausente pensei em ti...
    Cajueiro pequenino,
    Quando obrigado parti!

Agora volto, e te encontro
Carregadinho de flor!
Mas ainda tão pequeno,
Com muito mato ao redor...
    Coitadinho, não cresceste
    Por falta do meu amor,
    Cajueiro pequenino,
    Carregadinho de flor.

Lendas e canções populares (1865)

A JANGADA

Minha jangada de vela,
Que vento queres levar?
Tu queres vento de terra,
Ou queres vento do mar?
    Minha jangada de vela,
    Que vento queres levar?

Aqui no meio das ondas,
Das verdes ondas do mar,
És como que pensativa,
Duvidosa a bordejar!
    Minha jangada de vela,
    Que vento queres levar?

Saudades tens lá das praias,
Queres n'areia encalhar?
Ou no meio do oceano
Apraz-te as ondas sulcar?
  Minha jangada de vela,
  Que vento queres levar?

Sobre as vagas, como a garça,
Gosto de ver-te adejar,
Ou qual donzela no prado
Resvalando a meditar:
  Minha jangada de vela,
  Que vento queres levar?

Se a fresca brisa da tarde
A vela vem te oscular,
Estremeces como a noiva
Se vem-lhe o noivo beijar:
  Minha jangada de vela,
  Que vento queres levar?

Quer sossegada na praia.
Quer nos abismos do mar,
Tu és, ó minha jangada,
A virgem do meu sonhar:
  Minha jangada de vela,
  Que vento queres levar?

Se à liberdade suspiro,
Vens liberdade me dar;
Se fome tenho – ligeira
Me trazes para pescar!
  Minha jangada de vela,
  Que vento queres levar?

A tua vela branquinha
Acabo de borrifar;
Já peixe tenho de sobra,
Vamos à terra aproar:
    Minha jangada de vela,
    Que vento queres levar?

Ai, vamos, que as verdes ondas,
Fagueiras a te embalar,
São falsas nestas alturas
Quais lá na beira do mar:
    Minha jangada de vela,
    É tempo de repousar!

Ibidem

Bruno Seabra

Nasceu em Tatuoca, Pará, em 6 de outubro de 1837. Foi funcionário público no Rio de Janeiro, no Paraná, em Alagoas e na Bahia. Em sua bibliografia, destaca-se o livro de poemas *Flores e frutos* (1862), mas, além dele, praticou outros gêneros, como o romance *Paulo* (1861) e a cena cômica *Por direito de pat-chouly* (1863). Morreu em Salvador, Bahia, em 8 de março de 1876.

AÇUCENA

I

Era uma branca açucena,
Deu-me alguém a branca flor;
Donzela que teve pena
Das quexas de meu amor:
Foi uma gentil morena
Pediu-me a branca açucena.

II

– Eu vivo, gentil morena,
Do perfume desta flor;
Deu-me alguém esta açucena
Como um talismã de amor: –
Vai ela, e disse, – tem pena!
Oh! dá-me a branca açucena! –

III

– Nos seios desta açucena
Minh'alma adormece em flor;
Oh! deixa-a dormir! tem pena,
Neste regaço de amor! –
– Troquemos, disse a morena,
Um beijo pela açucena?! –

IV

Fui eu beijei a morena
Dos rubros lábios na flor,
E dei-lhe a branca açucena,

O meu talismã de amor!
Ai, nem de mim tive pena,
E nem daquela açucena!

V

Ai, minha branca açucena,
Ai, minha mimosa flor!
Cortei o fio, sem pena,
Do sono de nosso amor!
Ai, caprichosa morena!
Ai, minha branca açucena!

VI

Foi nos seios da morena
Abrasou-se a branca flor...
Aquela branca açucena,
Aquela prenda de amor!
Seios de fogo, sem pena,
Queimaram minha açucena!

VII

– O qu'é da minha açucena,
Qu'é da minha branca flor?
Agora quem terá pena
Deste amor – órfão de amor?
Dá-me a minha flor, morena
Aquela branca açucena!

VIII

E vai responde a morena:
– Aquela mimosa flor?
Aquela branca açucena?
Aquela prenda de amor? –
E a desdenhosa, sem pena,
Deu-me as cinzas d'açucena!

IX

Ninguém escute a morena,
Ninguém lhe ceda uma flor,
Que ela pede uma açucena
Para matar um amor,
E... rir-se, depois, sem pena,
De quem chora uma açucena!

Flores e frutos (1862)

MORENINHA

– Moreninha, dás-me um beijo.
– E o que me dá, meu senhor?
– Este cravo...
– Ora, esse cravo!
De que me serve uma flor?
Há tantas flores nos campos!
Hei de agora, meu senhor,
Dar-lhe um beijo por um cravo?
É barato; guarde a flor.

– Dá-me o beijo, moreninha,
Dou-te um corte de cambraia. –
– Por um beijo tanto pano!
Compro de graça uma saia!
Olhe que perde na troca,
Como eu perdera com a flor;
Tanto pano por um beijo...
Sai-lhe caro, meu senhor.

– Anda cá... ouve um segredo...
– Ai, pois quer fiar-se em mim?
Deus o livre; eu falo muito,
Toda mulher é assim...
E um segredo... ora um segredo...
Pelos modos que lhe vejo
Quer o meu beijo de graça,
Um segredo por um beijo?!

– Quero dizer-te aos ouvidos
Que tu és uma rainha...
Acha, pois? e o que tem isso?
Quer ser rei, por vida minha?
– Quem dera que tu quisesses...
– Não duvide, que o farei;
Meu senhor, case com ela,
A rainha o fará rei...

– Casar-me?... inda sou tão moço...
– Como é criança esta ovelha!
Pois eu p'ra beijar crianças,
Adeusinho, já sou velha.

Ibidem

Casimiro de Abreu

Nasceu em Barra de São João, Rio de Janeiro, em 4 de janeiro de 1839. Passou cerca de quatro anos em Lisboa, onde, adolescente, teve representado seu drama *Camões e o Jau* (1856). De volta ao país, permaneceu em conflito com o desejo paterno de encaminhá-lo ao trabalho no comércio. Publicou, em 1859, a obra que o perpetuaria, pela singeleza lírica: *As primaveras*, sucesso também em Portugal. Faleceu em Indaiaçu, Rio de Janeiro, em 18 de outubro de 1860.

CANÇÃO DO EXÍLIO (IV)

Se eu tenho de morrer na flor dos anos
Meu Deus! não seja já;
Eu quero ouvir na laranjeira, à tarde,
Cantar o sabiá!

* * *

Meu Deus, eu sinto e tu bem vês que eu morro
Respirando este ar;
Faz que eu viva, Senhor! dá-me de novo
Os gozos do meu lar!

O país estrangeiro mais belezas
Do que a pátria não tem;
E este mundo não val um só dos beijos
Tão doces duma mãe!
Dá-me os sítios gentis onde eu brincava
Lá na quadra infantil;
Dá que eu veja uma vez o céu da pátria,
O céu do meu Brasil!

Se eu tenho de morrer na flor dos anos,
Meu Deus! não seja já!
Eu quero ouvir na laranjeira, à tarde,
Cantar o sabiá!

* * *

Quero ver esse céu da minha terra
Tão lindo e tão azul!
E a nuvem cor-de-rosa que passava
Correndo lá do sul!

Quero dormir à sombra dos coqueiros,
        As folhas por dossel;
E ver se apanho a borboleta branca,
        Que voa no vergel!

Quero sentar-me à beira do riacho
        Das tardes ao cair,
E sozinho cismando no crepúsculo
        Os sonhos do porvir!
Se eu tenho de morrer na flor dos anos,
        Meu Deus! não seja já;
Eu quero ouvir na laranjeira, à tarde,
        A voz do sabiá!

* * *

Quero morrer cercado dos perfumes
        Dum clima tropical,
E sentir, expirando, as harmonias
        Do meu berço natal!

Minha campa será entre as mangueiras,
        Banhada do luar,
E eu contente dormirei tranqüilo
        À sombra do meu lar!

As cachoeiras chorarão sentidas
        Porque cedo morri,
E eu sonho no sepulcro os meus amores
        Na terra onde nasci!
Se eu tenho de morrer na flor dos anos,
        Meu Deus! não seja já;
Eu quero ouvir na laranjeira, à tarde,
        Cantar o sabiá!

Lisboa, 1857

As primaveras (1859)

MEUS OITO ANOS

Oh! souvenirs! printemps! aurores!

V. Hugo

Oh! que saudades que tenho
Da aurora da minha vida,
Da minha infância querida
Que os anos não trazem mais!
Que amor, que sonhos, que flores,
Naquelas tardes fagueiras
À sombra das bananeiras,
Debaixo dos laranjais!

Como são belos os dias
Do despontar da existência!
– Respira a alma inocência
Como perfumes a flor;
O mar é – lago sereno,
O céu – um manto azulado,
O mundo – um sonho dourado,
A vida – um hino d'amor!

Que auroras, que sol, que vida,
Que noites de melodia
Naquela doce alegria,
Naquele ingênuo folgar!
O céu bordado d'estrelas,
A terra de aromas cheia,
As ondas beijando a areia
E a lua beijando o mar!

Oh! dias da minha infância!
Oh! meu céu de primavera!
Que doce a vida não era
Nessa risonha manhã!
Em vez das mágoas de agora,
Eu tinha nessas delícias
De minha mãe as carícias
E beijos de minha irmã!

Livre filho das montanhas,
Eu ia bem satisfeito,
Da camisa aberto o peito,
– Pés descalços braços nus –
Correndo pelas campinas
À roda das cachoeiras,
Atrás das asas ligeiras
Das borboletas azuis!

Naqueles tempos ditosos
Ia colher as pitangas,
Trepava a tirar as mangas,
Brincava à beira do mar;
Rezava às Ave-Marias,
Achava o céu sempre lindo,
Adormecia sorrindo
E despertava a cantar!

....

Oh! que saudades que tenho
Da aurora da minha vida,
Da minha infância querida
Que os anos não trazem mais!
– Que amor, que sonhos, que flores,
Naquelas tardes fagueiras
À sombra das bananeiras,
Debaixo dos laranjais!

Lisboa, 1857

Ibidem

A VALSA

A M.

Tu, ontem,
Na dança
Que cansa,
Voavas
Co' as faces
Em rosas
Formosas
De vivo,
Lascivo
Carmim;
Na valsa
Tão falsa,
Corrias,
Fugias,
Ardente,
Contente,
Tranqüila,
Serena,

Sem pena
De mim!
Quem dera
Que sintas
As dores
De amores
Que louco
Senti!
Quem dera
Que sintas!...
– Não negues,
Não mintas...
– Eu vi!...

Valsavas:
– Teus belos
Cabelos,
Já soltos,
Revoltos,
Saltavam,
Voavam,
Brincavam
No colo
Que é meu;
E os olhos
Escuros
Tão puros,
Os olhos
Perjuros
Volvias,
Tremias,
Sorrias
P'ra outro
Não eu!

Quem dera
Que sintas
As dores
De amores
Que louco
Senti!
Quem dera
Que sintas!...
– Não negues,
Não mintas...
– Eu vi!...

Meu Deus!
Eras bela
Donzela,
Valsando,
Sorrindo,
Fugindo,
Qual silfo
Risonho
Que em sonho
Nos vem!
Mas esse
Sorriso
Tão liso
Que tinhas
Nos lábios
De rosa,
Formosa,
Tu davas,
Mandavas
A quem?!
Quem dera
Que sintas

As dores
De amores
Que louco
Senti!
Quem dera
Que sintas!...
– Não negues,
Não mintas...
– Eu vi!...

Calado,
Sozinho,
Mesquinho,
Em zelos
Ardendo,
Eu vi-te
Correndo
Tão falsa
Na valsa
Veloz!
Eu triste
Vi tudo!
Mas mudo
Não tive
Nas galas
Das salas,
Nem falas,
Nem cantos,
Nem prantos,
Nem voz!
Quem dera
Que sintas
As dores

De amores
Que louco
Senti!
Quem dera
Que sintas!...
– Não negues,
Não mintas...
– Eu vi!...

Na valsa
Cansaste;
Ficaste
Prostrada,
Turbada!
Pensavas,
Cismavas,
E estavas
Tão pálida
Então;
Qual pálida
Rosa
Mimosa,
No vale
Do vento
Cruento
Batida,
Caída
Sem vida
No chão!
Quem dera
Que sintas
As dores
De amores
Que louco

Senti!
Quem dera
Que sintas!...
– Não negues,
Não mintas...
– Eu vi!...

Rio, 1858

Ibidem

HORAS TRISTES

I

Eu sinto que esta vida já me foge
    Qual d'harpa o som final,
E não tenho, como o náufrago nas ondas,
    Nas trevas um fanal!

Eu sofro e esta dor que me atormenta
    É um suplício atroz!
E p'ra contá-la falta à lira cordas
    E aos lábios meus a voz!

Às vezes, no silêncio da minh'alma,
    Da noite na mudez,
Eu crio na cabeça mil fantasmas
    Que aniquilo outra vez!

Dói-me inda a boca que queimei sedento
    Nas esponjas de fel,
E agora sinto no bulhar da mente
    A torre de Babel!

Sou triste como o pai que as belas filhas
　　Viu lânguidas morrer,
E já não pousam no meu rosto pálido
　　Os risos do prazer!

* * *

E contudo, meu Deus! eu sou bem moço,
　　Devera só me rir,
E ter fé e ter crença nos amores,
　　Na glória e no porvir!

Eu devera folgar nesta natura
　　De flores e de luz,
E, mancebo, voltar-me pr'o futuro,
　　Estrela que seduz!

Agora em vez dos hinos d'esperança,
　　Dos cantos juvenis,
Tenho a sátira pungente, o riso amargo,
　　O canto que maldiz!

Os outros, – os felizes deste mundo,
　　Deleitam-se em saraus;
Eu solitário sofro e odeio os homens,
　　P'ra mim são todos maus!

Eu olho e vejo... – a veiga é de esmeralda,
　　O céu é todo azul.
Tudo canta e sorri... só na minh'alma
　　O lodo dum paul!

* * *

Mas se ela – a linda filha do meu sonho,
    A pálida mulher
Das minhas fantasias, dos seus lábios
    Um riso, um só me der;

Se a doce virgem pensativa e bela,
    – A pudica vestal
Que eu criei numa noite de delírio
    Ao som da saturnal;

Se ela vier enternecida e meiga
    Sentar-se junto a mim;
Se eu ouvir sua voz mais doce e terna
    Que um doce bandolim;

Se o seu lábio afagar a minha fronte
    – Tão férvido vulcão!
E murmurar baixinho ao meu ouvido
    As falas da paixão;

Se cair desmaiada nos meus braços
    Morrendo em languidez,
Decerto remoçado, alegre e louco
    Sentira-me talvez!...

* * *

Talvez que eu encontrasse as alegrias
    Dos tempos que lá vão,
E afogasse na luz da nova aurora
    A dor do coração!

Talvez que nos meus lábios desmaiados
    Brilhasse o seu sorrir,
E de novo, meu Deus, tivesse crença
    Na glória e no porvir!

Talvez minh'alma ressurgisse bela
    Aos raios desse sol,
E nas cordas da lira seus gorjeios
    Trinasse um rouxinol!

Talvez então que eu me pegasse à vida
    Com ânsia e com ardor,
E pudesse aspirando os seus perfumes
    Viver do seu amor!

P'ra ela então seria a minha vida,
    A glória, os sonhos meus;
E dissera chorando arrependido:
    – Bendito seja Deus! –

Abril, 1858

Ibidem

NA REDE

Nas horas ardentes do pino do dia
    Aos bosques corri;
E qual linda imagem dos castos amores,
Dormindo e sonhando cercada de flores
    Nos bosques a vi!

Dormia deitada na rede de penas
O céu por dossel,
De leve embalada no quieto balanço
Qual nauta cismando num lago bem manso
Num leve batel!

Dormia e sonhava – no rosto serena
Qual um serafim;
Os cílios pendidos nos olhos tão belos,
E a brisa brincando nos soltos cabelos
De fino cetim!

Dormia e sonhava – formosa embebida
No doce sonhar,
E doce e sereno num mágico anseio
Debaixo das roupas batia-lhe o seio
No seu palpitar!

Dormia e sonhava – a boca entreaberta,
O lábio a sorrir;
No peito cruzados os braços dormentes,
Compridos e lisos quais brancas serpentes
No colo a dormir!

Dormia e sonhava – no sonho de amores
Chamava por mim,
E a voz suspirosa nos lábios morria
Tão terna e tão meiga qual vaga harmonia
De algum bandolim!

Dormia e sonhava – de manso cheguei-me
Sem leve rumor;
Pendi-me tremendo e qual fraco vagido,
Qual sopro da brisa, baixinho ao ouvido
Falei-lhe de amor!

Ao hálito ardente o peito palpita...
    Mas sem despertar;
E como nas ânsias dum sonho que é lindo,
A virgem na rede corando e sorrindo...
    Beijou-me – a sonhar!

Junho, 1858

Ibidem

AMOR E MEDO

* * *

I

Quando eu te fujo e me desvio cauto
Da luz de fogo que te cerca, oh! bela,
Contigo dizes, suspirando amores:
"– Meu Deus! que gelo, que frieza aquela!"

Como te enganas! meu amor é chama
Que se alimenta no voraz segredo,
E se te fujo é que te adoro louco...
És bela – eu moço; tens amor – eu medo!...

Tenho medo de mim, de ti, de tudo,
Da luz, da sombra, do silêncio ou vozes,
Das folhas secas, do chorar das fontes,
Das horas longas a correr velozes.

O véu da noite me atormenta em dores,
A luz da aurora me entumece os seios,
E ao vento fresco do cair das tardes
Eu me estremeço de cruéis receios.

É que esse vento que na várzea – ao longe,
Do colmo o fumo caprichoso ondeia,
Soprando um dia tornaria incêndio
A chama viva que teu riso ateia!

Ai! se abrasado crepitasse o cedro,
Cedendo ao raio que a tormenta envia,
Diz: – que seria da plantinha humilde
Que à sombra dele tão feliz crescia?

A labareda que se enrosca ao tronco
Torrara a planta qual queimara o galho,
E a pobre nunca reviver pudera,
Chovesse embora paternal orvalho!

II

Ai! se eu te visse no calor da sesta,
A mão tremente no calor das tuas,
Amarrotado o teu vestido branco,
Soltos cabelos nas espáduas nuas!

Ai, se eu te visse, Madalena pura,
Sobre o veludo reclinada a meio,
Olhos cerrados na volúpia doce,
Os braços frouxos – palpitante o seio!...

Ai! se eu te visse em languidez sublime,
Na face as rosas virginais do pejo,
Trêmula a fala a protestar baixinho...
Vermelha a boca, soluçando um beijo!...

Diz: – que seria da pureza d'anjo,
Das vestes alvas, do candor das asas?
– Tu te queimaras, a pisar descalça,
– Criança louca, – sobre um chão de brasas!

No fogo vivo eu me abrasara inteiro!
Ébrio e sedento na fugaz vertigem
Vil, machucara com meu dedo impuro
As pobres flores da grinalda virgem!

Vampiro infame, eu sorveria em beijos
Toda a inocência que teu lábio encerra,
E tu serias no lascivo abraço
Anjo enlodado nos paúis da terra.

Depois... desperta no febril delírio,
– Olhos pisados – como um vão lamento,
Tu perguntaras: – qu'é da minha c'roa?...
Eu te diria: – desfolhou-a o vento!...

* * *

Oh! não me chames coração de gelo!
Bem vês: traí-me no fatal segredo.
Se de ti fujo é que te adoro e muito,
És bela – eu moço; tens amor, eu – medo!...

Outubro, 1858

Ibidem

Pedro Luís

Nasceu em Cabo Frio, Rio de Janeiro, no dia 13 de dezembro de 1839. Bacharel pela Faculdade de Direito de São Paulo, em 1860. Na carreira política, foi deputado, ministro e presidente da província da Bahia. Considerado um precursor de Castro Alves, aproxima-se do poeta baiano pelo gosto da hipérbole. Morreu em Bananal, São Paulo, em 16 de julho de 1884.

ESCUTA...

Não vês – oh! virgem – pelo céu escuro
Da tempestade fuzilando o raio?
Não vês as nuvens a chorar de luto?
Morrer a lua num fatal desmaio?...

Repara: – a fronte que eu elevo altivo
É como o quadro desse véu escuro;
Agora mesmo, merencória, pende
Envolta em sombras sem um raio puro.

No céu formoso corre o vento louco,
Na fronte um sopro muito leve passa,
O vento é forte – quer dizer "tormenta"
É frio o sopro – quer dizer "desgraça".

Aquela, virgem, apagou estrelas...
Todas morreram na amplidão imensa...
Este quebrou-me as divinais costelas,
Raios dourados de florida crença.

Saiu do inferno o furacão terrível
Lúgubre, uivando... desse horror profundo!
Hálito impuro que envenena e mata
Nasceu do inferno que é chamado mundo.

....

Porém, meu anjo, tu me olhas triste,
Os olhos rasos – de sentidos prantos.
Perdoa, agora – se eu chorei um pouco,
Perdoa, linda – se foi triste o canto.

Lembra-te apenas que do céu tão puro
Somente – o rosto se tornou medonho!
Se a minha fronte se animou, escuta:
Quem foi que disse que morreu meu sonho?

Rio, março, 1861

Dispersos (1934)

TERRIBILIS DEA

(Impressões do combate de Riachuelo)

Quando ela apareceu no escuro do horizonte,
O cabelo revolto e a palidez na fronte...
Aos ventos sacudindo o rubro pavilhão,
Resplandente de sol, de sangue fumegante,
O raio iluminou a terra... Nesse instante
Frenética e viril ergueu-se uma nação!

Quem era? De onde vinha aquela grande imagem
Que turbara do céu a límpida miragem,
E de luto cobrira a senda do porvir?
De que abismo saiu? Do túmulo? do inferno?
Pode o anjo do mal desafiar o Eterno?
Da fria sepultura o espectro ressurgir?

Deixai que se levante a grande divindade!
Seu templo é a terra e o mar, seu culto a mortandade;
Enche-lhe o peito o sopro das paixões.
É uma mulher fantasma! Uma visão de Dante,
Dos campos da batalha a hórrida bacante,
Que mergulha no sangue e ri das maldições!

A deusa do sepulcro! A pálida rainha!
A morte é sua vida. Impávida caminha
Ora grande, ora vil, nas trevas ou na luz;
A corte que a rodeia é lúgubre coorte;
Tem gala e traja luto: é o séquito da morte,
A miséria que chora, a glória que seduz.

Desde que o mal nasceu, nasceu aquele espectro!
De raios coroou-se! Ao peso de seu cetro
A terra tem arfado em transes infernais.
Do mundo as gerações têm visto em toda a idade,
Sinistra, aparecer aquela divindade,
Celebrando no sangue as grandes saturnais!

No seu olhar de fogo há raios de loucura...
Tem cantos de prazer! tem risos de amargura!
Muda sempre de céu, de rumo, de farol.
Aqui – pede ao direito a voz forte e serena,
Ali – ruge feroz como uma hiena,
Assassina nas trevas, mata à luz do sol!...

Levanta o gládio nu em nome da Verdade,
Acorda em fúria acesa à voz da Liberdade,
E no punho viril derrete-se o guilhão!
Como é bela!... Depois... sem fé, sem heroísmo,
Despedaça a justiça, e atira com cinismo
A virgem Liberdade nos braços da Opressão!

É uma deusa fatal! Quer sangue e atira flores!
Abraça, prende, esmaga os seus adoradores,
Embriaga-os de glórias e os cerca d'esplendor:
E esses loucos – depois de feitos de gigantes –
A túnica lhe beijam ardentes, delirantes,
E morrem a seus pés na febre desse amor.

Quando Átila, o monstro, – o tigre cavaleiro,
Espumando a correr, calcava o mundo inteiro,
A deusa o acompanhava, e ria-se... a cruel!
Tinha a face vermelha, ardia de coragem,
Dava beijos de amor na face do selvagem,
Enterrando o aguilhão nos flancos do corcel.

Era ela que em Roma erguia-se funesta!
O ídolo do povo em sempiterna festa!
O amor de Cipião, de César, de Pompeu.
Vergava com seu braço o braço do destino...
Prendeu nações e reis ao monte Palatino,
E em douda bacanal depois desfaleceu.

Foi de Carlos o Grande a excelsa companheira:
Deu-lhe o trono de bronze, a espada aventureira,
E o globo imperial, glórias e troféus...
Quando no escuro val, Rolando, moribundo,
Embocava a trombeta a despertar o mundo,
Erguia o colo a deusa além dos Pireneus...

Seguiu Napoleão da França até o Egito,
Nos mares, nos desertos, em busca do Infinito,
Das terras do Evangelho às terras do Corã,
Dos delírios da Europa aos sonhos do Oriente...
Teve medo afinal daquela febre ardente;
Lá no meio do mar prendeu esse Titã!

Ela estava também serena e triunfante
Ao pé de Farragut, o intrépido almirante,
Lá no tope do mastro, enquanto o monitor,
Em doudas convulsões, das túmidas entranhas
Vomitava metralha a derribar montanhas,
E do mundo arrancava um grito de terror...

Ela estava também – espectro pavoroso –
Do Amazonas a bordo, ao lado do Barroso,
De pólvora cercada, em pé sobre o convés...
Quando, à voz do valente, o monstro foi bufando,
Calados os canhões, navios esmagando,
A deusa varonil de amor caiu-lhe aos pés!...

Salve da guerra, deusa, arcanjo da batalha,
Que voas no vapor, que ruges na metralha,
Que cantas do combate os infernais clarões,
Quando arrancas do bronze os cânticos malditos:
O céu é fogo e aço, o ar – pólvora e gritos –
E corre e ferve o sangue em quentes borbotões.

Salve, tu, que nos deste o sangue da vingança!
O gládio da justiça, o raio da esperança,
E da glória cruenta o mágico esplendor!
É para te saudar que brame a artilharia
E que repete ao longe a voz da ventania
Das trombetas da morte o hórrido clangor!

....

Quando ela apareceu no escuro do horizonte
O cabelo revolto, a palidez na fronte,
Aos ventos sacudindo o rubro pavilhão,
Resplandente de sol, de sangue fumegante,
O raio iluminou a terra... Nesse instante
Frenética e viril ergueu-se uma nação!...

(1869)

Tobias Barreto

Nasceu em Campos, Sergipe, em 7 de julho de 1839. Tornou-se famoso pelos amplos e consistentes saberes filosóficos e jurídicos, tendo sido mestre, entre outros, de Sílvio Romero, que sempre o reverenciou. Sua poesia foi coligida em *Dias e noites* (1881). Morreu no Recife, Pernambuco, em 26 de junho de 1889.

O GÊNIO DA HUMANIDADE

Sou eu quem assiste às lutas,
Que dentro d'alma se dão;
Que sonda todas as grutas
Profundas do coração:
Quis ver dos céus o segredo;
Rebelde, sobre um rochedo
Cravado, fui Prometeu;
Tive sede do infinito,
Gênio, feliz ou maldito,
A Humanidade sou eu.

Ergo o braço, aceno aos ares,
E o céu se azulando vai;
Estendo a mão sobre os mares
E os mares dizem: – "Passai!..."
Satisfazendo ao anelo
Do bom, do grande e do belo,
Todas as formas tomei:
Com Homero fui poeta;
Com Isaías, profeta;
Com Alexandre fui rei.

Ouvi-me: venho de longe,
Sou guerreiro e sou pastor;
As minhas barbas de monge
Têm seis mil anos de dor:
Entrei por todas as portas
Das grandes cidades mortas,
Aos bafos do meu corcel,
E ainda sinto os ressábios
Dos beijos que dei nos lábios
Da prostituta Babel.

E vi Pentápolis nua,
Que não corava de mim,
Dizendo ao sol: – "Eu sou tua,
Beija-me... queima-me assim!"
E dentro havia risadas
De cinco irmãs abraçadas
Em voluptuoso furor...
Ânsias de febre e loucura,
Chiando em polpas de alvura,
Lábios em brasas de amor!...

Travei-me em lutas imensas,
Por vezes, cansado e nu,
Gritei ao céu: – "Em que pensas?"
Ao mar: – "De que choras tu?"
Caminho... e tudo o que faço
Derramo sobre o regaço
Da história que é minha irmã.
Chamem-me Byron ou Goethe,
Na fronte do meu ginete
Brilha a estrela da manhã.

E no meu canto solene
Vibra a ira do Senhor.
Na vida, nesse perene
Crepúsculo interior,
O ímpio diz: – "Anoitece!"
O justo diz: – "Amanhece!"
Vão ambos na sua fé...
E às tempestades que abalam
As crenças d'alma, que estalam,
Só eu resisto de pé!...

De Deus ao imenso ouvido
A humanidade é um tropel
E a natureza um ruído
Das abelhas com seu mel,
Das flores com seu orvalho,
Dos moços com seu trabalho
De santa e nobre ambição,
De pensamentos que voam,
De gritos d'alma que ecoam
No fundo do coração!...

1866

Dias e noites (1881)

DIANTE DE UM BATALHÃO QUE VOLTAVA DA CAMPANHA

Lavas de glória aos terremotos d'alma
Queimam os peitos de paixões estranhas:
É o povo que pesa os seus guerreiros
Na balança em que Deus pesa as montanhas!

Homens do céu, fantásticos, enormes,
Que sondastes o gólfão do heroísmo,
Inda tendes nos pés ensangüentados
Agarradas as pérolas do abismo!

Tendes na fronte um resto de fumaça
Que trazeis das batalhas, e os ressábios
Do cartucho mordido se misturam
Com o soberbo desdém dos vossos lábios.

O pendão que os relâmpagos rasgaram,
Das mãos da guerra bravamente escapo
De que pode servir? O rei tem frio...
Dai ao rei por esmola... este farrapo!

1870

Ibidem

Fagundes Varela

Nasceu em Rio Claro, Rio de Janeiro, em 17 de agosto de 1841. Estudou Direito em São Paulo e no Recife, sem concluir o curso. Teve vida nômade e infeliz, disperso entre bebidas, surtos de delírios e amores mal-resolvidos. Percorreu os principais temas da poesia romântica: a solidão, o refúgio na natureza, a busca de salvação pelo amor ou pela fé, o combate às iniqüidades sociais. Morreu em Niterói, Rio de Janeiro, em 18 de fevereiro de 1875.

ARQUÉTIPO

Ele era belo; na espaçosa fronte
O dedo do Senhor gravado havia
O sigilo do gênio; em seu caminho
O hino da manhã soava ainda,
E os pássaros da selva gorjeando
Saudavam-lhe a passagem neste mundo.

Sim, era uma criança, e no entanto
Friez de morte lhe coava n'alma!
O seu riso era triste como o inverno,
E dos olhos cansados, nem um raio
Nem um clarão, nem pálido lampejo
Da mocidade o fogo revelavam!

Era-lhe a vida uma comédia insípida,
Estúpida e sem graça, – ele a passava
Com a fria indiferença do marujo
Que fuma o seu cachimbo reclinado
Na proa do navio olhando as vagas,
– Vivia por viver... porque vivia.

Em nada acreditava; há muito tempo
Que a idéia de Deus soprara d'alma
Como das botas a poeira incômoda.
O Evangelho era um livro de anedotas,
Beethoven torturava-lhe os ouvidos,
A Poesia provocava o sono.

Muita donzela suspirou por ele,
Muita beleza lhe dormiu nos braços,
Mas frio como o gênio da descrença,

Após um'hora de gozar maldito,
Saciado as deixou, como o conviva
A mesa do festim, – farto e cansado. –

Era mais caprichoso, – mais bizarro
Do que um filho de Álbion, mais volúvel
Que um profundo político; uma tarde
Após haver jantado, recordou-se
Que ainda era solteiro; pelo Papa!
– É preciso tentar, disse consigo.

Quatro dias depois tinha casado.
Escolhera uma noiva descuidoso,
Como um brinco chinês – um livro in-fólio,
Ao altar conduziu-a, distraído,
E as juras divinais do casamento
Repetiu bocejando ao sacerdote.

Como tudo na vida, o matrimônio
Bem cedo o aborreceu; após três meses
Disse Adeus à mulher que pranteava,
E acendendo um cigarro, a passos lentos
Dirigiu-se ao teatro onde assistiu
Um drama de *Feuillet*, – quase dormindo. –

Por fim de contas, uma noite bela,
Depois de ter ceado entre dous padres,
Em casa de morena Cidalisa,
Pegou numa pistola e entre as fumaças
De saboroso – *Havana* – à eternidade
Foi ver se divertia-se um momento.

São Paulo, 1861

Vozes da América (1864)

SONETO

Desponta a estrela -d'alva, a noite morre,
Pulam no mato alígeros cantores,
E doce a brisa no arraial das flores,
Lânguidas queixas murmurando, corre.

Volúvel tribo a solidão percorre
Das borboletas de brilhantes cores;
Soluça o arroio; diz a rola amores
Nas verdes balsas donde o orvalho escorre.

Tudo é luz e esplendor; tudo se esfuma
Às carícias d'aurora, ao céu risonho,
Ao flóreo bafo que o sertão perfuma!

Porém minh'alma triste e sem um sonho
Repete olhando o prado, o rio, a espuma:
– Oh! mundo encantador, tu és medonho!

Ibidem

CÂNTICO DO CALVÁRIO

À memória de meu filho
morto a 11 de dezembro de 1863

Eras na vida a pomba predileta
Que sobre um mar de angústias conduzia
O ramo da esperança. – Eras a estrela
Que entre as névoas do inverno cintilava
Apontando o caminho ao pegureiro.
Eras a messe de um dourado estio.

Eras o idílio de um amor sublime.
Eras a glória, – a inspiração, – a pátria,
O porvir de teu pai! – Ah! no entanto,
Pomba, – varou-te a flecha do destino!
Astro, – engoliu-te o temporal do norte!
Teto, caíste! – Crença, já não vives!

Correi, correi, oh! lágrimas saudosas,
Legado acerbo da ventura extinta,
Dúbios archotes que a tremer clareiam
A lousa fria de um sonhar que é morto!
Correi! Um dia vos verei mais belas
Que os diamantes de Ofir e de Golgonda
Fulgurar na coroa de martírios
Que me circunda a fronte cismadora!
São mortos para mim da noite os fachos,
Mas Deus vos faz brilhar, lágrimas santas,
E à vossa luz caminharei nos ermos!
Estrelas do sofrer, – gotas de mágoa,
Brando orvalho do céu! – Sede benditas!
Oh! filho de minh'alma! Última rosa
Que neste solo ingrato vicejava!
Minha esperança amargamente doce!
Quando as garças vierem do ocidente

Buscando um novo clima onde pousarem,
Não mais te embalarei sobre os joelhos,
Nem de teus olhos no cerúleo brilho
Acharei um consolo a meus tormentos!
Não mais invocarei a musa errante
Nesses retiros onde cada folha
Era um polido espelho de esmeralda
Que refletia os fugitivos quadros

Dos suspirados tempos que se foram!
Não mais perdido em vaporosas cismas
Escutarei ao pôr-do-sol, nas serras,
Vibrar a trompa sonorosa e leda
Do caçador que aos lares se recolhe!

Não mais! A areia tem corrido, e o livro
De minha infanda história está completo!
Pouco tenho de andar! Um passo ainda
E o fruto de meus dias, negro, podre,
Do galho eivado rolará por terra!
Ainda um treno, e o vendaval sem freio
Ao soprar quebrará a última fibra
Da lira infausta que nas mãos sustenho!
Tornei-me o eco das tristezas todas
Que entre os homens achei! O lago escuro
Onde ao clarão dos fogos da tormenta
Miram-se as larvas fúnebres do estrago!
Por toda a parte em que arrastei meu manto
Deixei um traço fundo de agonias!...

Oh! quantas horas não gastei sentado
Sobre as costas bravias do Oceano,
Esperando que a vida se esvaísse
Como um floco de espuma, ou como o friso
Que deixa n'água o lenho do barqueiro!
Quantos momentos de loucura e febre
Não consumi perdido nos desertos,
Escutando os rumores das florestas,
E procurando nessas vozes torvas
Distinguir o meu cântico de morte!
Quantas noites de angústias e delírios
Não velei, entre as sombras espreitando

A passagem veloz do gênio horrendo
Que o mundo abate ao galopar infrene
Do selvagem corcel?... E tudo embalde!
A vida parecia ardente e douda
Agarrar-se a meu ser!... E tu tão jovem,
Tão puro ainda, ainda n'alvorada,
Ave banhada em mares de esperança,
Rosa em botão, crisálida entre luzes,
Foste o escolhido na tremenda ceifa!
Ah! quando a vez primeira em meus cabelos
Senti bater teu hálito suave;
Quando em meus braços te cerrei, ouvindo
Pulsar-te o coração divino ainda;
Quando fitei teus olhos sossegados,
Abismos de inocência e de candura,
E baixo e a medo murmurei: meu filho!
Meu filho! frase imensa, inexplicável,
Grata como o chorar de Madalena
Aos pés do Redentor... ah! pelas fibras
Senti rugir o vento incendiado
Desse amor infinito que eterniza
O consórcio dos orbes que se enredam
Dos mistérios do ser na teia augusta!
Que prende o céu à terra e a terra aos anjos!
Que se expande em torrentes inefáveis
Do seio imaculado de Maria!
Cegou-me tanta luz! Errei, fui homem!
E de meu erro a punição cruenta
Na mesma glória que elevou-me aos astros,
Chorando aos pés da cruz, hoje padeço!

O som da orquestra, o retumbar dos bronzes,
A voz mentida de rafeiros bardos,
Torpe alegria que circunda os berços
Quando a opulência doura-lhes as bordas,
Não te saudaram ao sorrir primeiro,
Clícia mimosa rebentada à sombra!
Mas ah! se pompas, esplendor faltaram-te,
Tiveste mais que os príncipes da terra!
Templos, altares de afeição sem termos!
Mundos de sentimento e de magia!
Cantos ditados pelo próprio Deus!
Oh! quantos reis que a humanidade aviltam,
E o gênio esmagam dos soberbos tronos,
Trocariam a púrpura romana
Por um verso, uma nota, um som apenas
Dos fecundos poemas que inspiraste!

Que belos sonhos! Que ilusões benditas!
Do cantor infeliz lançaste à vida,
Arco-íris de amor! Luz da aliança,
Calma e fulgente em meio da tormenta!
Do exílio escuro a cítara chorosa
Surgiu de novo e às virações errantes
Lançou dilúvios de harmonia! – O gozo
Ao pranto sucedeu. As férreas horas
Em desejos alados se mudaram.
Noites fugiam, madrugadas vinham,
Mas sepultado num prazer profundo
Não te deixava o berço descuidoso,
Nem de teu rosto meu olhar tirava,
Nem de outros sonhos que dos teus vivia!

Como eras lindo! Nas rosadas faces
Tinhas ainda o tépido vestígio
Dos beijos divinais, – nos olhos langues
Brilhava o brando raio que acendera
A bênção do Senhor quando o deixaste!
Sobre o teu corpo a chusma dos anjinhos,
Filhos do éter e da luz, voavam,
Riam-se alegres, das caçoilas níveas
Celeste aroma te vertendo ao corpo!
E eu dizia comigo: – teu destino
Será mais belo que o cantar das fadas
Que dançam no arrebol, – mais triunfante
Que o sol nascente derribando ao nada
Muralhas de negrume!... Irás tão alto
Como o pássaro-rei do Novo Mundo!

Ai! doudo sonho!... Uma estação passou-se,
E tantas glórias, tão risonhos planos
Desfizeram-se em pó! O gênio escuro
Abrasou com seu facho ensangüentado
Meus soberbos castelos. A desgraça
Sentou-se em meu solar, e a soberana
Dos sinistros impérios de além-mundo
Com seu dedo real selou-te a fronte!
Inda te vejo pelas noites minhas,
Em meus dias sem luz vejo-te ainda,
Creio-te vivo, e morto te pranteio!...

Ouço o tanger monótono dos sinos,
E cada vibração contar parece
As ilusões que murcham-se contigo!
Escuto em meio de confusas vozes,
Cheias de frases pueris, estultas,
O linho mortuário que retalham

Para envolver teu corpo: Vejo esparsas
Saudades e perpétuas, – sinto o aroma
Do incenso das igrejas, – ouço os cantos
Dos ministros de Deus que me repetem
Que não és mais da terra!... E choro embalde.

Mas não! Tu dormes no infinito seio
Do Criador dos seres! Tu me falas
Na voz dos ventos, no chorar das aves,
Talvez das ondas no respiro flébil!
Tu me contemplas lá do céu, quem sabe,
No vulto solitário de uma estrela.
E são teus raios que meu estro aquecem!
Pois bem! Mostra-me as voltas do caminho!
Brilha e fulgura no azulado manto,
Mas não te arrojes, lágrima da noite,
Nas ondas nebulosas do ocidente!
Brilha e fulgura! Quando a morte fria
Sobre mim sacudir o pó das asas,
Escada de Jacó serão teus raios
Por onde asinha subirá minh'alma.

Cantos e fantasias (1865)

ASPIRAÇÕES

Meu Deus! já que não posso no meio das florestas
Ouvir da natureza as mais soberbas festas;
Já que não posso errante no esplêndido oceano
Sorver a longos tragos teu bafo soberano;
Quero escutar nas praças, ao vento das paixões,
Erguer-se retumbante a voz das multidões!
Quero sentir, Senhor, que o fogo de teu gênio
Abrasa-lhes as fibras do mundo no proscênio,
E sabem responder do déspota à vontade:
– Aqui finda teu mando e surge a liberdade!

Aos mares e aos desertos, aos povos e às feras
Deste uma lei somente nas primitivas eras.
O Gênesis dos orbes teve por letra prima
O emblema da igualdade que a independência arrima.
A luz sacode as sombras e abraça a imensidade,
Os escarcéus resistem ao horror da tempestade;
Mas ai! Senhor, os homens, na mais formosa plaga,
Parece que afeiçoam-se ao jugo que os esmaga!
Quando ouvirei nas praças ao vento das paixões
Erguer-se retumbante a voz das multidões?

Espanta-me a tormenta que as árvores derriba,
Mas o tufão que passa e a cerração fustiga
É útil e propício, porque descobre os montes
E deixa que eu contemple os vastos horizontes
Onde ao clarão suave de um sol brilhante e puro
Ostenta-se formosa a imagem do futuro!...
A raça entorpecida à sombra se acostuma
E nada enxerga além da condensada bruma!...
Venha o tufão bendito, e ao vento das paixões
Quero escutar nas praças a voz das multidões!

A escravidão não cinge-se unicamente aos ferros!
Há uma inda mais negra, a escravidão dos erros!
Para privar-se ao pobre que seu caminho veja
Oh! não, não é preciso que ele atulhado seja,
Basta roubar-lhe a luz, e o mísero nas sombras
Se atirará da margem nas úmidas alfombras!
Oh! mão pior mil vezes!... trazei-lhe a claridade;
Se o trilho está coberto, abre outro a liberdade!
Quando ouvirei nas praças ao vento das paixões
Erguer-se retumbante a voz das multidões?

Ibidem

À BAHIA

Sobre coxins de verdura
Aos fogos do meio-dia
Dorme a esplêndida Bahia
Reclinada à beira-mar;
E como servas humildes
Sustendo-lhe o régio arminho
As vagas falam baixinho
Medrosas de a despertar.

Os ventos que a furto beijam
De seus vergéis as mangueiras
Vão perfumar cem bandeiras
Que ondeiam no céu azul;
E relatam maravilhas
Dessa pérola do Norte,
Mais do que Cartago, forte,
Mais linda do que Estambul.

Estrangeiro que habitastes
Mil cidades de outros mares,
Ao mirar estes palmares,
O que sentistes, dizei?
O que sentistes pisando
Sobre o tapiz destas praias
Pomposas, como as alfaias
Do leito de um grande rei?

Ao contemplar estes montes
Ardentes de mocidade
Por onde a dupla cidade
Se estende a seu bel-prazer;

E estas praças arrelvadas,
E estas árvores erguidas,
E estas rampas atrevidas
Que vão nas nuvens morrer,

Sentistes saudade acaso
Dos países que deixastes?
Dos povos que visitastes
Tivestes lembranças cá?
Oh! não, que a vossos olhares
Não mostraram tal beleza
Roma, Nápoles, Veneza,
Cantão, Pequim, Calcutá!

Mas ah! Vede, nesta pátria
De heróis, de gênios, de bravos,
Vestígios de pés escravos
Conspurcam tão nobre chão!
E pelas noites tranqüilas,
Aos ecos das serenatas,
Casam-se as vozes ingratas
Da mais cruenta opressão!

Estas praças e mercados,
Estes vastos edifícios
Não são por certo os indícios
De um povo calmo e feliz!
Não, que sobre essas riquezas
Fundadas sobre um delito
Geme o direito proscrito,
Chora uma raça infeliz!

E ela dorme descuidosa,
Sem medo a filha do Norte,
Entregue à mísera sorte
Das outras belas irmãs;

Dorme como as odaliscas
Nos palácios do Oriente
Sob a guarda inconsciente
De comprados iatagãs.

Bahia, terra das artes!
Terra do amor e da glória!
Quão grande foras na História,
Quão grande com teus brasões,
Se à fronte não te luzissem
Aos diamantes misturados
Os prantos cristalizados
De cativas multidões!

Cantos meridionais (1869)

A FLOR DO MARACUJÁ

Pelas rosas, pelos lírios,
Pelas abelhas, sinhá,
Pelas notas mais chorosas
Do canto do sabiá,
Pelo cálice de angústias
Da flor do maracujá!

Pelo jasmim, pelo goivo,
Pelo agreste manacá,
Pelas gotas de sereno
Nas folhas do gravatá,
Pela coroa de espinhos
Da flor do maracujá!

Pelas tranças da mãe-d'água
Que junto da fonte está,
Pelos colibris que brincam
Nas alvas plumas do ubá,
Pelos cravos desenhados
Na flor do maracujá!

Pelas azuis borboletas
Que descem do Panamá,
Pelos tesouros ocultos
Nas minas do Sincorá,
Pelas chagas roxeadas
Da flor do maracujá!

Pelo mar, pelo deserto,
Pelas montanhas, sinhá!
Pelas florestas imensas
Que falam de Jeová!
Pela lança ensangüentada
Da flor do maracujá!

Por tudo o que o céu revela!
Por tudo o que a terra dá
Eu te juro que minh'alma
De tua alma escrava está!!...
Guarda contigo este emblema
Da flor do maracujá!

Não se enojem teus ouvidos
De tantas rimas em – a –
Mas ouve meus juramentos,
Meus cantos ouve, sinhá!
Te peço pelos mistérios
Da flor do maracujá!

Ibidem

HINO À AURORA

Rig-Veda, I, 8

Ela mostrou-se enfim!
Ela mostrou-se enfim, a mais formosa,
A mais bela das luzes!

Por esse azul cetim
Caminhando tão linda e tão garbosa,
Aonde nos conduzes?

Aonde, branca Aurora?
Filha também do Sol, a Noite escura
Tua estrada marcou.

Com as lágrimas que chora,
A vasta senda da eternal planura
Ao passar orvalhou.

Unidas pelo berço,
Ambas iguais, eternas, sucessivas
Na marcha e na existência,

Percorreis o universo,
Aurora e Noite, sempre redivivas,
Opostas na aparência.

Rósea filha do Dia,
Brilhante a nossos olhos apareces,
Cheia de glória e amor;

E espalhas a harmonia,
A vida, o gozo, ao mundo que esclareces
Com teu sacro esplendor.

Segues a mesma senda
Das auroras passadas, e precedes
As que estão no futuro.

Rasgas da Sombra a venda,
E os negros planos previdente impedes
Do crime hórrido, escuro.

Há muito que passaram
Os que viram no céu luzir outrora
Teu fúlgido clarão.

Seus olhos se apagaram,
E nós por nossa vez também agora
Vemos-te n'amplidão.

Cantos do ermo e da cidade (1869)

Carlos Ferreira

Nascido em Porto Alegre, Rio Grande do Sul, em 24 de outubro de 1844. É considerado o primeiro tradutor e cultor de Baudelaire no Brasil, pois já em 1872 publicava poemas sob seu influxo, em *Alciones*. Cursou Direito em São Paulo, mas, engajado na campanha republicana, atuou sobretudo no jornalismo, na capital paulista e nas demais cidades em que residiu, Rio de Janeiro e Campinas, onde faleceu, em 13 de fevereiro de 1913.

ROSAS LOUCAS

Ó rosas loucas que o verão bafeja,
– Odaliscas gentis dos sonhos grandes!
Deixai que eu passe junto a vós cantando
– Ave saudosa que rolou dos Andes! –

Sou moço e sonhador. Minh'alma triste
Sente o espinho cruel do amor mundano;
E no entanto em meu peito as crenças brincam
– Garças brancas perdidas no oceano! –

Minha lira febril soluça e goza.
Amo Deus, a mulher e a liberdade,
Os raios do luar bebem-me as lágrimas,
E eu bebo a luz do sol da imensidade!

Alvoradas gentis da minha terra
Cujo pranto de amor banha-me a fronte,
Rasgai as sombras deste céu da pátria,
Suspendei as cortinas do horizonte;

Mostrai-me a luz das glórias peregrinas,
Os louros do porvir da mocidade...
Sou moço e sonhador, minh'alma é grande,
Amo Deus, a mulher e a liberdade!

E tu, visão sublime dos meus sonhos,
– Chispa de luz de peregrino astro –
Deixa que eu goze num só beijo a glória
Sobre o teu liso colo de alabastro!...

Ardente inspiração das frontes jovens
Vem sonora embalar meu peito aflito...
Eu quero – ave de amor – soltar meus cantos
Pelos doirados mundos do infinito!...

Rosas loucas do ermo! eu vos adoro
Doces filhas da lúcida quimera!
Oh! deixai-me cantar! Dentro em minh'alma
Brinca um raio do sol da primavera!...

S. Paulo, 1869

Rosas loucas (1871)

O BAILE DAS MÚMIAS

(Impressões da meia-noite)

Meia-noite!... O triste bronze
Suspirou saudoso já...
Além rangeram as campas,
Alguém gemeu... Quem será?
Na ogiva do campanário
Negro mocho solitário
Soltou sangrenta canção...
E a brisa os ares rasgando
Crava os lábios, blasfemando
Nas entranhas d'amplidão!...

Tudo é silêncio... Nos ares
Feio inseto perpassou;
Soam gritos, geme o eco
Como um crânio que estalou!
Quem é? quem sofre a esta hora?

Que condenado é que implora?
Serão fantasmas de horror?
Serão almas dispersadas
Das tumbas afugentadas
Inda nas febres do amor?

Somem-se os astros nublados,
Vela-se a face dos céus,
Surgem caveiras de múmias
Das fendas dos mausoléus!
Como alâmpadas funéreas
Refulgem chamas aéreas
Pendentes do salgueiral...
No rouco clarim dos ventos
Tremem profundos lamentos
De uma lascívia infernal!

Meia-noite! hora de sangue,
Hora de febres fatais,
Hora em que gemem saudades
Dos tempos que não vêm mais;
Quando os pálidos precitos
Requeimam lábios malditos
Em taças negras de fel!
Quando as bocas dos finados
Soltam gritos compassados
Pedindo sangue ao bordel!...

Silêncio! O baile dos mortos
Vai agora começar!
Das tumbas surgem gigantes
Para o tremendo valsar...
Já soberbos se agitaram

Gênios que outrora habitaram
Neste mundo como nós;
Por seus cabelos poeirentos
Os vermes passeiam lentos
– Requintado adorno atroz!... –

Em torno à torre da igreja
Onde reza o furacão,
Negreja o bando agoirento
Das aves da escuridão.
Erguidos, ébrios, sedentos
Os fantasmas macilentos
Arrastam trêmulos pés...
E o morcego agita as asas
Por sobre as lápides rasas
Como o arcanjo do revés!...

Rompe a orquestra, o baile rompe,
A tempestade assobia;
Giram nas valsas os vultos,
Arde a febre, vive a orgia!
Bem como um bando de gralhas
Passam nas brancas mortalhas
Os convivas do festim;
E as grutas fundas, rasgadas
Respondem com gargalhadas
Ao som da orgia sem fim!...

"Avante! avante consócios!
Gênio das trevas, dançai!
Bebei nos crânios quebrados
Rubro licor, e folgai!"
Então, num vórtice enorme
Gira doida a massa informe

Dos convivas sepulcrais...
Reboam, sobem os gritos,
Fumegam lumes malditos
Nas grimpas dos pinheirais!

Dançam as hostes dos gênios...
Byron dança – o colossal
Gigante das tempestades
Segredando ao vendaval!
Grande, imenso, redivivo
Shakespeare dança altivo
Enchendo a vasta amplidão...
Do mar ao surdo ribombo
Dança orgulhoso Colombo
Partindo os raios coa mão!

E o Dante – pálido, imenso –
Quebrando as campas cos pés,
Pelos cabelos sacode
Do inferno as fúrias cruéis!...
E depois, funéreo... ingente
Salta Goethe onipotente
Com mais dois vultos além...
Silêncio, abismos! – são eles...
– É Fausto e Mefistofeles
Que ao baile voam também!...

E as damas fúnebres dançam
Com redobrado fragor!
Com Petrarca dança Laura,
Com Tasso dança Eleonor!
Romeu conduz Julieta...
Com Camões – láurea do atleta,
Vem Catarina ao festim...

E sobre as frias alfombras
Saltam ainda mil sombras
Dessas falanges sem fim!

Ruge a orgia. Tristes, graves,
Fendendo as ondas de pó,
Homero e Milton – dois cegos –
Não dançam, não, surgem só!
E depois, grandes, risonhos,
Em negros corcéis medonhos
Dos séculos rompendo o véu,
Ambos eles transportados
Vão como que arrebatados
Cravar estrofes no céu!...

Redobra o baile das múmias,
Gritam as ondas além...
Passam, repassam as sombras
Em furibundo vaivém!
Soam lúgubres trombetas...
Debatem-se as nuvens pretas
– Feras do espaço a rugir! –
Das fauces rubras do abismo
Rompe, salta o cataclismo
Que ameaça o baile extinguir!

"Bravo! Bravo!" diz o vento;
Grita o trovão – "Muito bem!"
Os ciprestes batem palmas
Como aplaudindo também...
Soa o rufo... A festa aumenta...
Deus sobre um raio se assenta
E vem nas tumbas poisar!

Batem nas loisas os crânios,
Somem-se os vultos titânios
Arde em fogo o lupanar!...

....

E as nuvens pávidas, trêmulas,
Deitam depressa a correr...
Medroso o trovão ao longe
Vai gaguejando morrer...
E os morcegos espantados
Fogem, correm dispersados
Numa carreira sem fim;
E sobre as torres pousadas
As corujas debruçadas
Espreitam esfomeadas
Os destroços do festim!...

São Paulo, 1867

Ibidem

Castro Alves

Nasceu na fazenda de Cabaceiras, em Curralinho (atual Castro Alves), Bahia, em 14 de março de 1847. Estudou Direito no Recife e em São Paulo. Na vertente épica de sua obra, é conhecido como o "Poeta dos escravos", pelo obstinado combate ao regime servil. Cultivou igualmente a veia lírico-amorosa, abastecida, sobretudo, em sua conturbada vida sentimental. Seu mais famoso livro, *Espumas flutuantes*, é de 1870. Faleceu em Salvador, Bahia, em 6 de julho de 1871.

MOCIDADE E MORTE

E perto avisto o porto
Imenso, nebuloso e sempre noite
Chamado – Eternidade. –
Laurindo

Lasciate ogni speranza, voi ch'entrate.
Dante

Oh! eu quero viver, beber perfumes
Na flor silvestre, que embalsama os ares;
Ver minh'alma adejar pelo infinito,
Qual branca vela n'amplidão dos mares.
No seio da mulher há tanto aroma...
Nos seus beijos de fogo há tanta vida...
– Árabe errante, vou dormir à tarde
À sombra fresca da palmeira erguida.

Mas uma voz responde-me sombria:
Terás o sono sob a lájea fria.

Morrer... quando este mundo é um paraíso,
E a alma um cisne de douradas plumas:
Não! o seio da amante é um lago virgem...
Quero boiar à tona das espumas.
Vem! formosa mulher – camélia pálida,
Que banharam de pranto as alvoradas,
Minh'alma é a borboleta, que espaneja
O pó das asas lúcidas, douradas...

E a mesma voz repete-me terrível,
Com gargalhar sarcástico: – impossível!

Eu sinto em mim o borbulhar do gênio.
Vejo além um futuro radiante:
Avante! – brada-me o talento n'alma
E o eco ao longe me repete – avante! –
O futuro... o futuro... no seu seio...
Entre louros e bênçãos dorme a glória!
Após – um nome do universo n'alma,
Um nome escrito no Panteon da História.

E a mesma voz repete funerária:
Teu Panteon – a pedra mortuária!

Morrer – é ver extinto dentre as névoas
O fanal, que nos guia na tormenta:
Condenado – escutar dobres de sino,
– Voz da morte, que a morte lhe lamenta –
Ai! morrer – é trocar astros por círios,
Leito macio por esquife imundo,
Trocar os beijos da mulher – no visco
Da larva errante no sepulcro fundo.

Ver tudo findo... só na lousa um nome,
Que o viandante a perpassar consome.

E eu sei que vou morrer... dentro em meu peito
Um mal terrível me devora a vida:
Triste Ahasverus, que no fim da estrada,
Só tem por braços uma cruz erguida.
Sou o cipreste, qu'inda mesmo florido,
Sombra de morte no ramal encerra!
Vivo – que vaga sobre o chão da morte,
Morto – entre os vivos a vagar na terra.

Do sepulcro escutando triste grito
Sempre, sempre bradando-me: maldito! –

E eu morro, ó Deus! na aurora da existência,
Quando a sede e o desejo em nós palpita...
Levei aos lábios o dourado pomo,
Mordi no fruto podre do Asfaltita.
No triclínio da vida – novo Tântalo –
O vinho do viver ante mim passa...
Sou dos convivas da legenda hebraica,
O estilete de Deus quebra-me a taça.

É que até minha sombra é inexorável,
Morrer! morrer! soluça-me implacável.

Adeus, pálida amante dos meus sonhos!
Adeus, vida! Adeus, glória! amor! anelos!
Escuta, minha irmã, cuidosa enxuga
Os prantos de meu pai nos teus cabelos.
Fora louco esperar! fria rajada
Sinto que do viver me extingue a lampa...
Resta-me agora por futuro – a terra,
Por glória – nada, por amor – a campa.

Adeus... arrasta-me uma voz sombria,
Já me foge a razão na noite fria!...

1864

Espumas flutuantes (1870)

A BOA-VISTA

Sonha, poeta, sonha! Aqui sentado
No tosco assento da janela antiga,
Apóias sobre a mão a face pálida,
Sorrindo – dos amores à cantiga.

Álvares de Azevedo

Era uma tarde, triste, mas límpida e suave...
Eu – pálido poeta – seguia triste e grave
A estrada, que conduz ao campo solitário,
Como um filho, que volta ao paternal sacrário,
E ao longe abandonando o múrmur da cidade
– Som vago, que gagueja em meio à imensidade –,
No drama do crepúsculo eu escutava atento
A *surdina* da tarde ao sol, que morre lento.

A poeira da estrada meu passo levantava,
Porém minh'alma ardente no céu azul marchava
E os astros sacudia no vôo violento
– Poeira, que dormia no chão do firmamento.
A pávida andorinha, que o vendaval fustiga,
Procura os coruchéus da catedral antiga.
Eu – andorinha entregue aos vendavais do inverno,
Ia seguindo triste p'ra o velho lar paterno.

Como a águia, que do ninho talhado no rochedo
Ergue o pescoço calvo por cima do fraguedo,
– (P'ra ver no céu a nuvem, que espuma o firmamento,
E o mar, – corcel, que espuma ao látego do vento...)
Longe o feudal castelo levanta a antiga torre,
Que aos raios do poente brilhante sol escorre!
Ei-lo soberbo e calmo o abutre de granito

Mergulhando o pescoço no seio do infinito,
E lá de cima olhando com seus clarões vermelhos
Os tetos, que a seus pés parecem de joelhos!...

* * *

Não! minha velha torre! Oh! atalaia antiga,
Tu olhas esperando alguma face amiga,
E perguntas talvez ao vento, que em ti chora:
"Por que não volta mais o meu senhor d'outrora?
Por que não vem sentar-se no banco do terreiro
Ouvir das criancinhas o riso feiticeiro,
E pensando no lar, na ciência, nos pobres
Abrigar nesta sombra seus pensamentos nobres?

....

Onde estão as crianças – grupo alegre e risonho
– Que escondiam-se atrás do cipreste tristonho...
Ou que enforcaram rindo um feio *Pulchinello*
Enquanto a doce Mãe, que toda amor, desvelo,
Ralha com um rir divino o grupo folgazão,
Que vem correndo alegre beijar-lhe a branca mão?...

....

É nisto que tu cismas, ó torre abandonada,
Vendo deserto o parque e solitária a estrada.
No entanto eu – estrangeiro, que tu já não conheces –
No limiar de joelhos só tenho pranto e preces.

Oh! deixem-me chorar!... Meu lar... meu doce ninho!
Abre a vetusta grade ao filho teu mesquinho!
Passado – mar imenso!... inunda-me em fragrância!
Eu não quero lauréis, quero as rosas da infância.

Ai! Minha triste fronte, aonde as multidões
Lançaram misturadas glórias e maldições...
Acalenta em teu seio, ó solidão sagrada!
Deixa est'alma chorar em teu ombro encostada!

Meu lar está deserto... Um velho cão de guarda
Veio saltando a custo roçar-me a testa parda,
Lamber-me após os dedos, porém a sós consigo
Rusgando com o direito, que tem um velho amigo...

Como tudo mudou-se!... O jardim 'stá inculto,
As roseiras morreram do vento ao rijo insulto...
A erva inunda a terra; o musgo trepa os muros,
A urtiga silvestre enrola em nós impuros
Uma estátua caída, em cuja mão nevada
A aranha estende ao sol a teia delicada!...
Mergulho os pés nas plantas selvagens, espalmadas,
As borboletas fogem-me em lúcidas manadas...
E ouvindo-me as passadas tristonhas, taciturnas,
Os grilos, que cantavam, calam-se nas furnas...

Oh! jardim solitário! Relíquia do passado!
Minh'alma, como tu, é um parque arruinado!
Morreram-me no seio as rosas em fragrância,
Veste o pesar os muros dos meus vergéis da infância.

A estátua do talento, que pura em mim s'erguia,
Jaz hoje – e nela a turba enlaça uma ironia!...
Ao menos como tu, lá d'alma num recanto
Da casta poesia ainda escuto o canto,
– Voz do céu, que consola, se o mundo nos insulta,
E na gruta do seio murmura um treno oculta.

Entremos!... Quantos ecos na vasta escadaria,
Nos longos corredores respondem-me à porfia!...

Oh! casa de meus pais!... A um crânio já vazio,
Que o hóspede largando deixou calado e frio,
Compara-te o estrangeiro – caminhando indiscreto

Nestes salões imensos, que abriga o vasto teto.
Mas eu no teu vazio – vejo uma multidão,
Fala-me o teu silêncio – ouço-te a solidão!...
Povoam-se estas salas...

E eu vejo lentamente
No solo resvalarem falando tenuemente
Dest'alma e deste seio as sombras venerandas,
Fantasmas adorados – visões sutis e brandas...
Aqui... além... mais longe... por onde eu movo o passo,
Como aves, que espantadas arrojam-se ao espaço,
Saudades e lembranças s'erguendo – bando alado –,
Roçam por mim as asas voando p'ra o passado.

Boa Vista, 18 de novembro de 1867

Ibidem

O NAVIO NEGREIRO

(Tragédia no mar)

I

'Stamos em pleno mar... Doudo no espaço
Brinca o luar – dourada borboleta;
E as vagas após ele correm... cansam
Como turba de infantes inquieta.

'Stamos em pleno mar... Do firmamento
Os astros saltam como espumas de ouro...
O mar em troca acende as ardentias,
– Constelações do líquido tesouro...

’Stamos em pleno mar... Dois infinitos
Ali se estreitam num abraço insano,
Azuis, dourados, plácidos, sublimes...
Qual dos dous é o céu? qual o oceano?...

’Stamos em pleno mar... Abrindo as velas
Ao quente arfar das virações marinhas,
Veleiro brigue corre à flor dos mares,
Como roçam na vaga as andorinhas...

Donde vem? onde vai? Das naus errantes
Quem sabe o rumo se é tão grande o espaço?
Neste saara os corcéis o pó levantam,
Galopam, voam, mas não deixam traço.

Bem feliz quem ali pode nest’hora
Sentir deste painel a majestade!...
Embaixo – o mar... em cima – o firmamento...
E no mar e no céu – à imensidade!

Oh! que doce harmonia traz-me a brisa!
Que música suave ao longe soa!
Meu Deus! como é sublime um canto ardente
Pelas vagas sem fim boiando à toa!

Homens do mar! Ó rudes marinheiros,
Tostados pelo sol dos quatro mundos!
Crianças que a procela acalentara
No berço destes pélagos profundos!

Esperai!... esperai!... deixai que eu beba
Esta selvagem, livre poesia...
Orquestra – é o mar, que ruge pela proa,
E o vento, que nas cordas assobia...

....

Por que foges assim, barco ligeiro?
Por que foges do pávido poeta?
Oh! quem me dera acompanhar-te a esteira
Que semelha no mar – doudo cometa!

Albatroz! Albatroz! águia do oceano,
Tu que dormes das nuvens entre as gazas,
Sacode as penas, Leviatã do espaço,
Albatroz! Albatroz! dá-me estas asas.

II

Que importa do nauta o berço,
Donde é filho, qual seu lar?
Ama a cadência do verso
Que lhe ensina o velho mar!
Cantai! que a morte é divina!
Resvala o brigue à bolina
Como golfinho veloz.
Presa ao mastro da mezena
Saudosa bandeira acena
Às vagas que deixa após.

Do espanhol as cantilenas
Requebradas de langor,
Lembram as moças morenas,
As andaluzas em flor!
Da Itália o filho indolente
Canta Veneza dormente,
– Terra de amor e traição,
Ou do golfo no regaço
Relembra os versos de Tasso,
Junto às lavas do vulcão!

O inglês – marinheiro frio,
Que ao nascer no mar se achou,
(Porque a Inglaterra é um navio,
Que Deus na Mancha ancorou),
Rijo entoa pátrias glórias,
Lembrando, orgulhoso, histórias
De Nelson e de Aboukir...
O francês – predestinado –
Canta os louros do passado
E os loureiros do porvir!

Os marinheiros helenos,
Que a vaga iônia criou,
Belos piratas morenos
Do mar que Ulisses cortou,
Homens que Fídias talhara,
Vão cantando em noite clara
Versos que Homero gemeu...
Nautas de todas as plagas,
Vós sabeis achar nas vagas
As melodias do céu!...

III

Desce do espaço imenso, ó águia do oceano!
Desce mais... inda mais... não pode olhar humano
Como o teu mergulhar no brigue voador!
Mas que vejo eu aí... Que quadro d'amarguras!
É canto funeral!... Que tétricas figuras!...
Que cena infame e vil... Meu Deus! meu Deus! Que horror!

Era um sonho dantesco... o tombadilho
Que das luzernas avermelha o brilho,
Em sangue a se banhar.

Tinir de ferros... estalar de açoite...
Legiões de homens negros como a noite,
        Horrendos a dançar...

Negras mulheres, suspendendo às tetas
Magras crianças, cujas bocas pretas
        Rega o sangue das mães:
Outras, moças, mas nuas e espantadas,
No turbilhão de espectros arrastadas,
        Em ânsia e mágoa vãs!

E ri-se a orquestra irônica, estridente...
E da ronda fantástica a serpente
        Faz doudas espirais...
Se o velho arqueja, se no chão resvala,
Ouvem-se gritos... o chicote estala.
        E voam mais e mais...

Presa nos elos de uma só cadeia,
A multidão faminta cambaleia,
        E chora e dança ali!
Um de raiva delira, outro enlouquece,
Outro, que de martírios embrutece,
        Cantando, geme e ri!

No entanto o capitão manda a manobra,
E após fitando o céu que se desdobra,
        Tão puro sobre o mar,
Diz do fumo entre os densos nevoeiros:
"Vibrai rijo o chicote, marinheiros!
        Fazei-os mais dançar!..."

E ri-se a orquestra irônica, estridente...
E da ronda fantástica a serpente
        Faz doudas espirais...

Qual um sonho dantesco as sombras voam!...
Gritos, ais, maldições, preces ressoam!
        E ri-se Satanás!...

V

Senhor Deus dos desgraçados!
Dizei-me vós, Senhor Deus!
Se é loucura... se é verdade
Tanto horror perante os céus?!
Ó mar, por que não apagas
Co'a esponja de tuas vagas
De teu manto este borrão?...
Astros! noite! tempestades!
Rolai das imensidades!
Varrei os mares, tufão!

Quem são estes desgraçados
Que não encontram em vós
Mais que o rir calmo da turba
Que excita a fúria do algoz?
Quem são? Se a estrela se cala,
Se a vaga à pressa resvala
Como um cúmplice fugaz,
Perante a noite confusa...
Dize-o tu, severa Musa,
Musa libérrima, audaz!...

São os filhos do deserto,
Onde a terra esposa a luz.
Onde vive em campo aberto
A tribo dos homens nus...
São os guerreiros ousados
Que com os tigres mosqueados

Combatem na solidão.
Ontem simples, fortes, bravos...
Hoje míseros escravos,
Sem luz, sem ar, sem razão...

São mulheres desgraçadas,
Como Agar o foi também.
Que sedentas, alquebradas,
De longe... bem longe vêm...
Trazendo com tíbios passos,
Filhos e algemas nos braços,
N'alma – lágrimas e fel...
Como Agar sofrendo tanto,
Que nem o leite de pranto
Têm que dar para Ismael.

Lá nas areias infindas,
Das palmeiras no país,
Nasceram – crianças lindas,
Viveram – moças gentis...
Passa um dia a *caravana*,
Quando a virgem na cabana
Cisma da noite nos véus...
... Adeus, ó choça do monte,
... Adeus, palmeiras da fonte!...
... Adeus, amores... adeus!...

Depois, o areal extenso...
Depois, o oceano de pó.
Depois no horizonte imenso
Desertos... desertos só...
E a fome, o cansaço, a sede...
Ai! quanto infeliz que cede,
E cai p'ra não mais s'erguer!...

Vaga um lugar na *cadeia*,
Mas o chacal sobre a areia
Acha um corpo que roer.

Ontem a Serra Leoa,
A guerra, a caça ao leão,
O sono dormido à toa
Sob as tendas d'amplidão!
Hoje... o *porão* negro, fundo,
Infecto, apertado, imundo,
Tendo a peste por jaguar...
E o sono sempre cortado
Pelo arranco de um finado,
E o baque de um corpo ao mar...

Ontem plena liberdade,
A vontade por poder...
Hoje... cúm'lo de maldade,
Nem são livres p'ra morrer...
Prende-os a mesma corrente
– Férrea, lúgubre serpente –
Nas roscas da escravidão.
E assim zombando da morte,
Dança a lúgubre coorte
Ao som do açoute... Irrisão!...

Senhor Deus dos desgraçados!
Dizei-me vós, Senhor Deus,
Se eu deliro... ou se é verdade
Tanto horror perante os céus?!...
Ó mar, por que não apagas
Co'a esponja de tuas vagas
Do teu manto este borrão?
Astros! noites! tempestades!
Rolai das imensidades!
Varrei os mares, tufão!...

VI

Existe um povo que a bandeira empresta
P'ra cobrir tanta infâmia e cobardia!...
E deixa-a transformar-se nessa festa
Em manto impuro de bacante fria!...

Meu Deus! meu Deus! mas que bandeira é esta,
Que impudente na gávea tripudia?
Silêncio, Musa... chora, e chora tanto
Que o pavilhão se lave no teu pranto!...

Auriverde pendão de minha terra,
Que a brisa do Brasil beija e balança,
Estandarte que a luz do sol encerra
E as promessas divinas da esperança...
Tu que, da liberdade após a guerra,
Foste hasteado dos heróis na lança
Antes te houvessem roto na batalha,
Que servires a um povo de mortalha!...

Fatalidade atroz que a mente esmaga!
Extingue nesta hora o brigue imundo
O trilho que Colombo abriu nas vagas,
Como um íris no pélago profundo!
Mas é infâmia demais!... Da etérea plaga
Levantai-vos, heróis do Novo Mundo!
Andrada! arranca esse pendão dos ares!
Colombo! fecha a porta dos teus mares!

S. Paulo, 18 de abril de 1868

Os escravos (1883)

O "ADEUS" DE TERESA

A vez primeira que eu fitei Teresa,
Como as plantas que arrasta a correnteza,
A valsa nos levou nos giros seus...
E amamos juntos... E depois na sala
"Adeus" eu disse-lhe a tremer co'a fala...

E ela, corando, murmurou-me: "adeus".

Uma noite... entreabriu-se um reposteiro...
E da alcova saía um cavaleiro
Inda beijando uma mulher sem véus...
Era eu... Era a pálida Teresa!
"Adeus" lhe disse conservando-a presa...

E ela entre beijos murmurou-me: "adeus".

Passaram tempos... séculos de delírio...
Prazeres divinais... gozos do Empíreo...
... Mas um dia volvi aos lares meus.
Partindo eu disse – "Voltarei!... descansa!..."
Ela chorando mais que uma criança,

Ela em soluços murmurou-me: "adeus".

Quando voltei... era o palácio em festa!...
E a voz d'*Ela* e de um homem lá na orquesta
Preenchiam de amor o azul dos céus.
Entrei!... Ela me olhou branca... surpresa!
Foi a última vez que eu vi Teresa!...

E ela arquejando murmurou-me: "adeus!"

S. Paulo, 28 de agosto de 1868

Espumas flutuantes (1870)

BOA-NOITE

Veux-tu donc partir? Le jour est encore éloigné:
C'était le rossignol et non pas l'alouette,
Dont le chant a frappé ton oreille inquiète;
Il chante la nuit sur les branches de ce grenadier.
Crois-moi, cher ami, c'était le rossignol.

Shakespeare

Boa-noite, Maria! Eu vou-me embora.
A lua nas janelas bate em cheio.
Boa-noite, Maria! É tarde... é tarde...
Não me apertes assim contra teu seio.

Boa-noite!... E tu dizes – Boa-noite.
Mas não digas assim por entre beijos...
Mas não mo digas descobrindo o peito,
– Mar de amor onde vagam meus desejos.

Julieta do céu! Ouve... a *calhandra*
Já rumoreja o canto da matina.
Tu dizes que eu menti?... pois foi mentira...
... Quem cantou foi teu hálito, divina!

Se a estrela-d'alva os derradeiros raios
Derrama *nos jardins do Capuleto*,
Eu direi, me esquecendo d'alvorada:
"É noite ainda em teu cabelo preto..."

É noite ainda! Brilha na cambraia
– Desmanchado o roupão, a espádua nua –
O globo de teu peito entre os arminhos
Como entre as névoas se balouça a lua...

É noite, pois! Durmamos, Julieta!
Recende a alcova ao trescalar das flores.
Fechemos sobre nós estas cortinas...
– São as asas do arcanjo dos amores.

A frouxa luz da alabastrina lâmpada
Lambe voluptuosa os teus contornos...
Oh! Deixa-me aquecer teus pés divinos
Ao doudo afago de meus lábios mornos.

Mulher do meu amor! Quando aos meus beijos
Treme tua alma, como a lira ao vento,
Das teclas de teu seio que harmonias,
Que escalas de suspiros, bebo atento!

Ai! Canta a cavatina do delírio,
Ri, suspira, soluça, anseia e chora...
Marion! Marion!... É noite ainda.
Que importa os raios de uma nova aurora?!...

Como um negro e sombrio firmamento,
Sobre mim desenrola teu cabelo...
E deixa-me dormir balbuciando:
– Boa-noite! – formosa Consuelo!...

S. Paulo, 27 de agosto de 1868

Ibidem

ADORMECIDA

Ses longs cheveux épars la couvrent tout entière.
La croix de son collier repose dans sa main,
Comme pour témoigner qu'elle a fait sa prière,
Et qu'elle va la faire en s'éveillant demain.

A. de Musset

Uma noite, eu me lembro... Ela dormia
Numa rede encostada molemente...
Quase aberto o roupão... solto o cabelo
E o pé descalço do tapete rente.

'Stava aberta a janela. Um cheiro agreste
Exalavam as silvas da campina...
E ao longe, num pedaço do horizonte,
Via-se a noite plácida e divina.

De um jasmineiro os galhos encurvados
Indiscretos entravam pela sala,
E de leve oscilando ao tom das auras
Iam na face trêmulos – beijá-la.

Era um quadro celeste!... A cada afago
Mesmo em sonhos a moça estremecia...
Quando ela serenava... a flor beijava-a...
Quando ela ia beijar-lhe... a flor fugia...

Dir-se-ia que naquele doce instante
Brincavam duas cândidas crianças...
A brisa, que agitava as folhas verdes,
Fazia-lhe ondear as negras tranças!

E o ramo ora chegava ora afastava-se...
Mas quando a via despeitada a meio,
P'ra não zangá-la... sacudia alegre
Uma chuva de pétalas no seio...

* * *

Eu, fitando esta cena, repetia
Naquela noite lânguida e sentida:
"Ó flor! – tu és a virgem das campinas!
"Virgem! – tu és a flor de minha vida!..."

S. Paulo, novembro de 1868

Ibidem

AVES DE ARRIBAÇÃO

Pensava em ti nas horas de tristeza
Quando estes versos pálidos compus,
Cercavam-me planícies sem beleza,
Pesava-me na fronte um céu sem luz.

Ergue este ramo solto no caminho,
Sei que em teu seio asilo encontrará.
Só tu conheces o secreto espinho
Que dentro d'alma me pungindo está.

Fagundes Varela

Aves, é primavera! à rosa! à rosa!

Tomás Ribeiro

I

Era tempo em que as ágeis andorinhas
Consultam-se na beira dos telhados,
E inquietas conversam, perscrutando
Os pardos horizontes carregados...

Em que as rolas e os verdes periquitos
Do fundo do sertão descem cantando...
Em que a tribo das aves peregrinas
Os *Zíngaros* do céu formam-se em bando!

Viajar! viajar! A brisa morna
Traz de outro clima os cheiros provocantes.
A primavera desafia as asas,
Voam os passarinhos e os amantes!...

II

Um dia *Eles* chegaram. Sobre a estrada
Abriram à tardinha as persianas;
E mais festiva a habitação sorria
Sob os festões das trêmulas lianas.

Quem eram? Donde vinham? – Pouco importa
Quem fossem da casinha os habitantes.
– São noivos –: as mulheres murmuravam!
E os pássaros diziam: – São amantes –!

Eram vozes – que uniam-se co'as brisas!
Eram risos – que abriam-se co'as flores!
Eram mais dous clarões – na primavera!
Na festa universal – mais dous amores!

Astros! Falai daqueles olhos brandos.
Trepadeiras! Falai-lhe dos cabelos!
Ninhos d'aves! dizei, naquele seio,
Como era doce um pipilar d'anelos.

Sei que ali se ocultava a mocidade...
Que o idílio cantava noite e dia...
E a casa branca à beira do caminho
Era o asilo do amor e da poesia.

Quando a noite enrolava os descampados,
O monte, a selva, a choça do serrano,
Ouviam-se, alongando a paz nos ermos,
Os sons doces, plangentes de um piano.

Depois suave, plena, harmoniosa
Uma voz de mulher se alevantava...
E o pássaro inclinava-se das ramas
E a estrela do infinito se inclinava.

E a voz cantava o *tremolo* medroso
De uma ideal sentida *barcarola*...
Ou nos ombros da noite desfolhava
As notas petulantes da Espanhola!

III

Às vezes, quando o sol nas matas virgens
A fogueira das tardes acendia,
E como a ave ferida ensangüentava
Os píncaros na longa serrania,

Um grupo destacava-se amoroso,
Tendo por tela a opala do infinito,
Dupla estátua do amor e mocidade
Num pedestal de musgos e granito.

E embaixo o vale a descantar saudoso
Na cantiga das moças lavadeiras!...
E o riacho a sonhar nas canas bravas,
E o vento a s'embalar nas trepadeiras.

Ó crepúsculos mortos! Voz dos ermos!
Montes azuis! Sussurros da floresta!
Quando mais vós tereis tantos afetos
Vicejando convosco em vossa festa?...

E o sol poente inda lançava um raio
Do *caçador* na longa carabina...
E sobre a fronte d'*Ela* por diadema
Nascia ao longe a estrela vespertina.

IV

É noite! Treme a lâmpada medrosa
Velando a longa noite do *poeta*...
Além, sob as cortinas transparentes
Ela dorme... formosa Julieta!

Entram pela janela quase aberta
Da meia-noite os preguiçosos ventos
E a lua beija o seio alvinitente
– Flor que abrira das noites aos relentos.

O Poeta trabalha!... A fronte pálida
Guarda talvez fatídica tristeza...
Que importa? A inspiração lhe acende o verso
Tendo por musa – o amor e a natureza!

E como o cáctus desabrocha a medo
Das noites tropicais na mansa calma,
A estrofe entreabre a pétala mimosa
Perfumada da essência de sua alma.

No entanto *Ela* desperta... num sorriso
Ensaia um beijo que perfuma a brisa...
... A Casta-diva apaga-se nos montes...
Luar de amor! acorda-te, Adalgisa!

V

Hoje a casinha já não abre à tarde
Sobre a estrada as alegres persianas.
Os ninhos desabaram... no abandono
Murcharam-se as grinaldas de lianas.

Que é feito do viver daqueles tempos?
Onde estão da casinha os habitantes?
... A Primavera, que arrebata as asas...
Levou-lhe os passarinhos e os amantes!...

Curralinho, 1870

Ibidem

CREPÚSCULO SERTANEJO

A tarde morria! Nas águas barrentas
As sombras das margens deitavam-se longas;
Na esguia atalaia das árvores secas
Ouvia-se um triste chorar de arapongas.

A tarde morria! Dos ramos, das lascas,
Das pedras, do líquen, das heras, dos cardos,
As trevas rasteiras com o ventre por terra
Saíam, quais negros, cruéis leopardos.

A tarde morria! Mais funda nas águas
Lavava-se a galha do escuro ingazeiro...
Ao fresco arrepio dos ventos cortantes
Em músico estalo rangia o coqueiro.

Sussurro profundo! Marulho gigante!
Talvez um silêncio!... Talvez uma orquestra...
Da folha, do cálix, das asas, do inseto...
Do átomo à estrela... do verme – à floresta!...

As garças metiam o bico vermelho
Por baixo das asas – da brisa ao açoite;
E a terra na vaga de azul do infinito
Cobria a cabeça co'as penas da noite!

Somente por vezes, dos *jungles* das bordas
Dos golfos enormes daquela paragem,
Erguia a cabeça surpreso, inquieto,
Coberto de limos – um touro selvagem.

Então as marrecas, em torno boiando,
O vôo encurvavam medrosas, à toa...
E o tímido bando pedindo outras praias
Passava gritando por sobre a canoa!...

....

A cachoeira de Paulo-Afonso (1876)

Narcisa Amália

Nascida em São João da Barra, Rio de Janeiro, em 3 de abril de 1852, teve seu único livro – *Nebulosas*, de 1872 – avaliado positivamente por Machado de Assis. É raro caso de poesia de autoria feminina a desfrutar de relativo sucesso no Brasil do século XIX. Foi professora e diretora de escola, no Rio de Janeiro. Colaborou esparsamente em periódicos. Cega e paralítica, faleceu no Rio de Janeiro, em 24 de junho de 1924.

SADNESS

Still visit thus my nights, for you reserved,
And mount my soaring soul to thoughts like yours.
James Thomson

Meu anjo inspirador não tem nas faces
As tintas coralíneas da manhã;
Nem tem nos lábios as canções vivaces
Da cabocla pagã!

Não lhe pesa na fronte deslumbrante
Coroa de esplendor e maravilhas,
Nem rouba ao nevoeiro flutuante
As nítidas mantilhas.

Meu anjo inspirador é frio e triste
Como o sol que enrubesce o céu polar!
Trai-lhe o semblante pálido – do antiste
O acerbo meditar!

Traz na cabeça estema de saudades,
Tem no lânguido olhar a morbideza;
Veste a clâmide eril das tempestades.
E chama-se – Tristeza!

Nebulosas (1872)

PERFIL DE ESCRAVA

Quando os olhos entreabro à luz que avança
Batendo a sombra e a pérfida indolência,
Vejo além da discreta transparência
Do níveo cortinado uma criança;

Pupila de gazela – viva e mansa,
Com sereno temor colhendo a ardência...
Fronte imersa em palor... Rir de inocência,
– Rir que trai ora a angústia, ora a esperança...

Eis o esboço fugaz da estátua viva,
Que – de braços em cruz – na sombra avulta
Silenciosa, atenta, pensativa!

– Estátua? Não, que essa cadeia estulta
Há de quebrar-te, mísera cativa,
Este afeto de mãe, que a *dona* oculta!

Ibidem

ÍNDICE